Texte und Materialien zum Literaturunterricht

Herausgegeben von Hubert Ivo, Valentin Merkelbach und Hans Thiel

Kontroverse Interpretationen Brechtscher Lyrik

Texte zur Ideologiekritik im Deutschunterricht

Für die Schule zusammengestellt von Valentin Merkelbach

Verlag Moritz Diesterweg

Frankfurt am Main · Berlin · München

ISBN 3-425-06207-7

2. Auflage

Umschlagentwurf: Hetty Krist-Schulz, Frankfurt/M.
Satz und Druck: Georg Appl, Wemding
Bindearbeiten: Münchner Industriebuchbinderei

Inhalt

Vorwort zur 2. Auflage

„Löblich in der Absicht, aber unzulänglich in der Verwirklichung" nannte Dieter Sabiwalsky[1] die 1. Auflage der vorliegenden Sammlung, weil ich mein Versprechen, zu jedem Gedicht wenigstens zwei kontroverse Interpretationen abzudrucken, nach Meinung des Rezensenten nicht durchweg überzeugend realisiert hätte. Aufgrund dieser Kritik und aufgrund von Hinweisen und Vorschlägen von Lehrern, die mit den Texten gearbeitet haben, habe ich versucht, durch Kürzungen und Erweiterungen, die sich quantitativ etwa die Waage halten, meiner Absicht, „Kontroverse Interpretationen Brechtscher Lyrik" anzubieten, besser gerecht zu werden und das Bändchen für die Schulpraxis besser handhabbar zu machen.

Was ich ursprünglich als Begleitheft zu der Sammlung plante, ist inzwischen unter dem Titel „Brecht für die Schule"[2] erschienen. Im zweiten Teil dieses Aufsatzes („Zur Rezeption Brechtscher Lyrik") habe ich mich mit den meisten der hier abgedruckten Interpretationen befaßt und die unterschiedlichen Positionen zu beschreiben und zu erklären versucht; dabei habe ich auch, wo es sich nicht um eigenständige Interpretationen, sondern um Textauszüge handelt, wie etwa bei den mehrmals zitierten Autoren Klaus Schuhmann und Klaus-Detlef Müller[3], auf den jeweiligen Zusammenhang hingewiesen.

[1] *D. Sabiwalsky*, Gedichte in der Schule. Materialien für einen modernen Lyrikunterricht. In: Frankfurter Rundschau 19.12.73, S. 14.

[2] *V. Merkelbach*, Brecht für die Schule. In: Diskussion Deutsch, Sonderband 1973: Zur politischen Dimension des Deutschunterrichts. Frankfurt/M.: Diesterweg 1973, S. 37–80.

[3] Das für die westdeutsche Brecht-Forschung wichtige Buch von *K.-D. Müller* „Die Funktion der Geschichte im Werk Bertolt Brechts" (Tübingen 1967), das eine Zeitlang vergriffen war, ist 1972 mit einem Vorwort „Zum Stand der Diskussion" neu aufgelegt worden. Vgl. jetzt auch: alternative, H. 93, 1973 („Brecht-Materialien II: Zur Rezeption in der BRD").

Vorwort zur 1. Auflage

Die vorliegende Textsammlung entstand aus der Beschäftigung mit der Rolle Brechts in der westdeutschen Literaturdidaktik. Dabei ergab sich u.a., daß die Lyrik Brechts, die schon von ihrem Umfang her für das Lesebuch in erster Linie in Frage kommt, dort längst nicht repräsentativ vertreten ist; daß man bislang vornehmlich Gedichte ausgewählt hat, die in der vormarxistischen Phase des Dichters entstanden sind oder aber sich interpretieren lassen, ohne die ideologischen Voraussetzungen, Brechts Marxismus, diskutieren zu müssen. Die Diskussion dieser Voraussetzungen aber ist in der literaturwissenschaftlichen Auseinandersetzung mit Brecht von Anfang an im Gange, auch dort, wo man ähnlich verfährt wie die meisten Lesebuch-Herausgeber und Didaktiker und das Werk einteilt in „Dichtung" und „Propaganda", um sich dann ausschließlich der „Dichtung" zuzuwenden. Die „Propaganda" wird in der Literatur zuweilen durch ein besonders eindrucksvolles Beispiel „politischer Verirrung" dokumentiert und abgetan, was bei formalästhetischen oder ontologisierenden Interpretationsweisen auch gelingt, während andere Interpreten, die die Intention eines Gedichtes, die historische Situation und das von Brecht angesprochene Publikum mit in ihre Betrachtung einbeziehen, am gleichen Gedicht zu sehr unterschiedlichen Ergebnissen kommen.

Dies betrifft den zweiten Grund, der mich bewog, eine Materialsammlung zu Brechts Lyrik zusammenzustellen. Es werden zu jedem Gedicht wenigstens zwei Interpretationen abgedruckt, an denen gezeigt werden soll, wie kontrovers Deutungen ein und desselben Gedichts ausfallen können, je nachdem, welcher Methode der Interpret verpflichtet ist: ob er Literatur als autonome Wirklichkeit ansieht und sich vorwiegend für ihren Werk-Charakter, ihre formale Struktur, interessiert, ob er Hinweise auf „das Wesen des Menschseins" erhofft oder ob er durch Literatur und ihre ästhetische Strukturierung von Wirklichkeit Erkenntnisse über die gesellschaftlichen Zusammenhänge eben dieser Wirklichkeit gewinnen möchte. In diesen Zusammenhang gehört dann auch die zentrale wissenschaftstheoretische Frage, inwieweit es überhaupt eine objektive und unparteiische Literaturbetrachtung geben kann und ob es sich nicht dort, wo man dies behauptet, um eine Ideologie handelt, die, an der Veränderung des Bestehenden nicht interessiert, sich mit Gegenstandsanalyse, Fakteninformation oder abstrakter philosophischer Spekulation zufrieden gibt, ohne die politischen Implikationen eines solchen Verfahrens zu reflektieren.

Die Textsammlung ist gedacht für alle Lehrer und Schüler, die an einer ideologiekritischen Diskussion interessiert sind und die meinen, daß die Lyrik Brechts zusammen mit der Wirkung, die sie auf Interpreten verschiedener ideologischer Grundeinstellungen ausgeübt hat, diese Diskussion anregen kann; die sich außerdem darauf haben einigen können, daß die poetische Literatur mit ihren ästhetischen Strukturierungsverfahren neben Wissenschaft und Philosophie weiterhin einen gangbaren Weg der Erkenntnis gesellschaftlicher Antinomien darstellt, und zwar selbst dort, wo sie solche Antinomien leugnet, über sie schweigt oder eine Perspektive auf eine bessere Lebenspraxis nicht zu geben vermag.

Die Gruppierung der Interpretationen erfolgt nach thematischen Gesichtspunkten. Die Interpretationen zu einem Gedicht sind nach dem Erscheinungsjahr geordnet, so daß die Frage nach einer rezeptionsgeschichtlichen Entwicklung in den Blick kommt. Die Frage, allgemein gestellt, könnte etwa lauten: Lassen sich methodische Differenzen feststellen zwischen Brecht-Interpreten der fünfziger und frühen sechziger Jahre und denjenigen, die Ende der sechziger Jahre ihre Arbeiten publizierten, etwa zwischen Autoren wie Schulz, Pfeiffer, von Wiese, Heselhaus einerseits und Müller, Lerg-Kill auf der anderen Seite. Oder aber: sind die Differenzen, unabhängig vom jeweiligen Erscheinungsjahr der Arbeit, zwischen Autoren, die um eine materialistische Deutung bemüht sind (etwa Benjamin, Schuhmann, Müller) zu allen übrigen, auch zu der informationswissenschaftlichen Arbeit von Ulla C. Lerg-Kill, die entscheidenden? Eine weitere Frage, die sich am einzelnen Gedicht stellen läßt, hier aber nur allgemein formuliert werden kann: Sind Unterschiede feststellbar bei Autoren, die im Hinblick auf den Unterricht (auf Verwertung) interpretieren und den freischaffenden Interpretationskünstlern? Ist da etwa Benjamins Jahrzehnte alte Kritik[1] inzwischen hinfällig geworden, nach der es in der Literaturwissenschaft „vielleicht weniger auf eine Erneuerung des Lehrbetriebs durch die Forschung als der Forschung durch den Lehrbetrieb“ ankomme, weil, wie Benjamin feststellt, „mit der Krise der Bildung ja in genauem Zusammenhang“ steht, „daß die Literaturgeschichte die wichtigste Aufgabe – mit der sie als ‚Schöne Wissenschaft‘ ins Leben getreten ist, – die didaktische nämlich, ganz aus den Augen verloren hat“. Sind Didaktiker wie Dietz, Neis, Spieler, Thamm oder Baumgärtner in der Lage, Benjamins Kritik zu entkräften? Oder muß diese Gruppe mit

1 *Walter Benjamin,* Literaturgeschichte und Literaturwissenschaft, 1931. In: *W. B.*, Angelus Novus, Ausgewählte Schriften 2. Frankfurt/M.: Suhrkamp Verlag 1966.

ihren „Interpretationshilfen“ differenziert gesehen werden, etwa als zur positivistischen, idealistischen oder materialistischen Literaturtheorie tendierend? Welche pädagogischen Konsequenzen hat das jeweils für den Deutschunterricht? Ehe man zur eigentlich ideologiekritischen Diskussion der verschiedenen Interpretationen kommt, wird es nötig sein, die von Brecht angewandten Mittel der Kodierung eines Gedichtes in ihrer inhaltlichen Funktionalität festzustellen und zu erörtern[2] und so in Gruppen oder im Klassenplenum eine eigene Deutung zu versuchen. Vor einem solchen Erfahrungshintergrund lassen sich unterschiedliche Auffassungen zu den einzelnen Interpreten und der Interpreten untereinander leichter ausmachen und diskutieren.

Eine wichtige, durchgehende Frage wird sein, welche Ästhetik sich aus den Gedichten Brechts ableiten läßt, wieweit die einzelnen Interpreten diese Ästhetik akzeptieren bzw. mit Wertmaßstäben messen, die den Intentionen der Gedichte nicht gerecht werden.[3] Es wird allerdings auch zu fragen sein, gerade angesichts der Vielfalt der Rezeptionsweisen, ob Brechts Gedichte ihrem politischen Anspruch genügen oder ob sie nicht in einer Gesellschaft, in der die herrschende Kultur fast ausschließlich eine im Interesse der Herrschenden produzierte ist, zum intellektuellen Vergnügen werden können für eine literarisch gebildete Elite, die an gesellschaftlicher Emanzipation im Sinne Brechts überhaupt nicht interessiert zu sein braucht. Das aber hieße, daß die Gedichte Brechts das ihnen zugedachte Publikum erst noch finden müßten.

[2] Vgl. *B. Brecht,* Über Lyrik. Frankfurt/M. 1964 = edition suhrkamp 70.

[3] Vgl. dazu Heft 78/79 der Zeitschrift „alternative“, wo für die Lehrstücke Brechts, insbesondere „Die Maßnahme“, nachgewiesen wird, zu welch absurden Ergebnissen die westdeutsche Literaturwissenschaft kommt, indem sie „experimentelle (Kunst-) Übungen zur Selbstverständigung und Selbsterziehung lernender Kollektive“ (101) mit werkorientierten und idealistischen Kategorien einer bürgerlichen Ästhetik analysiert und beurteilt.

I. Frühe Erfahrungen

1. Gegen Verführung (1913-1926)

Walter Benjamin[1]

Gegen Verführung

Laßt euch nicht verführen!
Es gibt keine Wiederkehr.
Der Tag steht in den Türen;
Ihr könnt schon Nachtwind spüren:
Es kommt kein Morgen mehr.

Laßt euch nicht betrügen!
Das Leben wenig ist.
Schlürft es in vollen Zügen!
Es wird euch nicht genügen
Wenn ihr es lassen müßt!

Laßt euch nicht vertrösten!
Ihr habt nicht zu viel Zeit!
Laßt Moder den Erlösten!
Das Leben ist am größten:
Es steht nicht mehr bereit.

Laßt euch nicht verführen!
Zu Fron und Ausgezehr!
Was kann euch Angst noch rühren?
Ihr sterbt mit allen Tieren
Und es kommt nichts nachher.

Der Dichter ist aufgewachsen in einer Vorstadt mit vorwiegend katholischer Bevölkerung; jedoch mischten sich mit den kleinbürgerlichen Elementen schon die Arbeiter der großen Fabriken, die im Weichbild der Stadt lagen. Daraus erklärt sich Haltung und Vokabular des Gedichts „Gegen Verführung". Die Leute wurden von der Geistlichkeit vor den Verführungen gewarnt, welche sie in einem zweiten Leben nach dem Tode teuer zu stehen kommen würden. Der Dichter warnt sie vor Verführungen, die sie in diesem Leben teuer zu stehen kommen. Er bestreitet, daß es ein zweites Leben gäbe. Seine Warnung ist nicht weniger feierlich gehalten als die der Geistlichkeit; seine Versicherungen sind ebenso apodiktisch. Wie die Geistlichkeit, so gebraucht auch er den Begriff der Verführung absolut, ohne Zusatz; er übernimmt dessen erbauliche Klangfarbe. Der getragene Ton des Gedichts kann dazu verleiten, über einzelne Passagen hinwegzulesen, die mehrere Auslegungen ermöglichen und verborgene Schönheiten in sich schließen.

Es gibt keine Wiederkehr

Erste Auslegung: laßt euch nicht zu dem Glauben verführen, es gäbe Wiederkehr. Zweite Auslegung: begeht keinen Fehler, das Leben ist euch nur einmal gegeben.

Der Tag steht in den Türen.

Erste Auslegung: zum Gehen gewandt, scheidend. Zweite Auslegung: mitten in seiner Fülle (und doch auch in ihr schon der Nachtwind spürbar).

Es kommt kein Morgen mehr.

Erste Auslegung: kein morgiger Tag. Zweite Auslegung: keine Frühe, die Nacht hat das letzte Wort.

„*Daß* Leben wenig ist.“

Diese Fassung des Privatdrucks bei Kiepenheuer unterscheidet sich durch zweierlei von der Fassung der späteren öffentlichen Ausgabe „*Das* Leben wenig ist“. Der erste Unterschied besteht darin, daß sie den ersten Vers der Strophe „Laßt euch nicht betrügen“ ausdefiniert, indem sie die These der Betrüger, daß Leben wenig sei, namhaft macht. Der zweite Unterschied ist darin zu erblicken, daß der Vers „Das Leben wenig ist“ unvergleichlich die Kümmerlichkeit des Lebens ausspricht und so die Aufforderung unterstreicht, sich nichts von ihm abmarkten zu lassen.

Es steht nicht mehr bereit.

Erste Auslegung: „Es steht nicht *mehr* bereit“ – das fügt dem vorhergehenden Vers „Das Leben ist am größten“ nichts hinzu. Zweite Auslegung: „Es steht nicht mehr *bereit*“ – diese größte Chance habt ihr schon halb verpaßt. Euer Leben steht nicht mehr bereit; es ist schon angebrochen und im Spiel eingesetzt.

Das Gedicht leitet dazu an, sich von der Kürze des Lebens erschüttern zu lassen. Man tut gut, sich darauf zu besinnen, daß das Deutsche in seinem Wort ‚Erschütterung' das Wort ‚schütter' stecken hat. Wo etwas zusammenstürzt, da entstehen Brüche und Leerstellen. Wie sich aus der Analyse ergibt, hat das Gedicht zahlreiche Stellen, an denen die Worte labil und locker zum Sinn zusammentreten. Das leistet seiner erschütternden Wirkung Vorschub.

Alfred Clemens Baumgärtner[2]

Gegen Verführung, das *Schlußkapitel* der *Hauspostille*, muß dem Autor besonders wichtig, wenn nicht als Schlüsseltext des ganzen Bandes erschienen sein; jedenfalls schreibt er in der *Anleitung: Nach der etwas düsteren Lektion von den kleinen Tagzeiten der Abgestorbenen sollte man das Schlußkapitel immer dazulesen. Überhaupt empfiehlt es sich, jede Lektüre in der Hauspostille mit dem Schlußkapitel zu beschließen.* Sollte in *Gegen Verführung* einer der Leitgedanken des Buches ausgesprochen worden sein – was die Sätze aus der *Anleitung* zu glauben nahelegen –, muß eingeräumt werden, daß es dem Autor gelungen ist, die in diesen Versen artikulierte Auffassung von der menschlichen Existenz mit suggestiver Gewalt zu formulieren. Jede der aus fünf dreihebigen, nach dem Schema abaab gereimten Zeilen bestehenden vier Strophen setzt mit einem Imperativ ein: *Laßt euch nicht verführen!, Laßt euch nicht betrügen!, Laßt euch nicht vertrösten! und schließlich noch einmal Laßt euch nicht verführen* ... Auch innerhalb der Strophen finden sich imperativische Formulierungen von derselben, Widerspruch ausschließenden Knappheit, wie überhaupt – vom Versmaß unterstützt – eine Neigung zur Aufreihung von kurzen, auf eine Zeile beschränkten, gleichsam insularen Aussagen festzustellen ist, am deutlichsten wohl in der dritten Strophe:

> Laßt euch nicht vertrösten!
> Ihr habt nicht zu viel Zeit!
> Laßt Moder den Erlösten!
> Das Leben ist am größten:
> Es steht nicht mehr bereit.

Offensichtlich war es die Intention Brechts, in diesem Gedicht mit immer neuen Wendungen eine im Kern stets gleiche Warnung auszusprechen. Dabei ist ganz klar, wovor der Leser oder Hörer gewarnt werden soll: Es ist die religiöse Lebensauffassung; speziell die christliche, die das irdische Leben nicht als einzige Existenzform des Menschen, sondern als Vorstufe einer jenseitigen versteht. Die Verführung, der Betrug und der falsche Trost, vor denen der Autor warnt, gehen vom Glauben an die Unsterblichkeit des Menschen aus, der dazu führt, daß der Blick vom irdischen Dasein als dem einzig Gewissen abgelenkt wird. Das macht, wie Brecht ausführt, den Menschen unfähig, *Fron und Ausgezehr* abzuschütteln, und bringt ihn dazu, stattdessen auf eine jenseitige Kompensation irdischer Leiden und Versagungen zu hoffen. Die Gegenposition Brechts zum religiösen Verständnis des Phänomens der Verführung ist absolut; er spricht nicht von einer Verführung durch Irdisches als Ablenkung vom Jenseitigen, als vielmehr von einer Verführung durch den Glauben an ein Jenseits als Ablenkung vom Irdischen. „Die Leute", hat Walter Benjamin in diesem Zusammenhang angemerkt, „wurden von der Geistlichkeit vor den Verführungen gewarnt, welche sie in einem zweiten Leben nach dem Tode teuer zu stehen kommen würden. Der Dichter warnt sie vor Verführungen, die sie in diesem Leben teuer zu stehen kommen". Falsch wäre es jedoch, in Brecht den Vertreter einer optimistischen Diesseitsgläubigkeit zu sehen. Sein Bild vom Leben als dem alleinigen Besitz des Menschen ist von Spannung erfüllt, was namentlich die zweite Strophe zeigt:

> Laßt euch nicht betrügen!
> Das Leben wenig ist.
> Schlürft es in schnellen Zügen!
> Es wird euch nicht genügen
> Wenn ihr es lassen müßt!

Der Mensch hat nur dieses eine Leben – *Es gibt keine Wiederkehr* –, und es ist kurz und flüchtig und muß deshalb hastig genommen werden. Bezeichnenderweise spricht Brecht in der endgültigen Fassung des Gedichts von *schnellen* und nicht mehr von *vollen Zügen*, wie es in einer früheren noch heißt. Das Leben ist zwar *am größten*, aber die Begründung seiner Größe ist eine nur negative: *Es steht nicht mehr bereit*. So schließt das Gedicht denn auch nicht mit einem Hymnus auf Leben und Welt; an seinem Ende steht nichts als die Aufforderung, die Angst zu überwinden, und das Eingeständnis der absoluten Sterblichkeit:

> Was kann euch Angst noch rühren?
> Ihr sterbt mit allen Tieren
> Und es kommt nichts nachher.

Die Angst, von der sich der Mensch nicht mehr erfassen lassen soll, ist – wie aus dem Kontext zu erschließen – die Angst vor der jenseitigen Strafe für irdische Verfehlungen. Brecht erklärt sie für gegenstandslos, indem er den Tod des Menschen als völliges Verlöschen darstellt. Das führt zu dem Paradox, daß die beiden an sich furchtbaren Schlußzeilen des Gedichts die Funktion eines Trostworts gewinnen. Was vom Autor als Warnung vor einer Verführung durch den Jenseitsglauben gemeint war, läßt sich freilich auch als Warnung vor jeder Lehre lesen, die den Menschen mit dem Bild einer besseren Zukunft über gegenwärtige Mühsal hinwegtrösten will, ironischerweise auch als Warnung vor jener Lehre, der sich Brecht zur Zeit des Erscheinens der *Hauspostille* bereits zuzuwenden begonnen hatte. Wie Volker Klotz schreibt, trifft Brechts Gedicht „auch die Heilslehre des Kommunismus, der von seinen Gläubigen Opfer im Hinblick auf die bessere gesellschaftliche Situation der Nachgeborenen fordert".

2. Vom armen B. B. (1913-1926)

Wolfgang Heybey[3]

Vom armen B. B.

Ich, Bertolt Brecht, bin aus den schwarzen Wäldern.
Meine Mutter trug mich in die Städte hinein
Als ich in ihrem Leibe lag. Und die Kälte der Wälder
Wird in mir bis zu meinem Absterben sein.

In der Asphaltstadt bin ich daheim. Von allem Anfang
Versehen mit jedem Sterbsakrament:
Mit Zeitungen. Und Tabak. Und Branntwein.
Mißtrauisch und faul und zufrieden am End.

Ich bin zu den Leuten freundlich. Ich setze
Einen steifen Hut auf nach ihrem Brauch.
Ich sage: es sind ganz besonders riechende Tiere
Und ich sage: es macht nichts, ich bin es auch.

In meine leeren Schaukelstühle vormittags
Setze ich mir mitunter ein paar Frauen
Und ich betrachte sie sorglos und sage ihnen:
In mir habt ihr einen, auf den könnt ihr nicht bauen.

Gegen abends versammle ich um mich Männer
Wir reden uns da mit „Gentleman" an
Sie haben ihre Füße auf meinen Tischen
Und sagen: es wird besser mit uns. Und ich frage nicht: wann.

Gegen Morgen in der grauen Frühe pissen die Tannen
Und ihr Ungeziefer, die Vögel, fängt an zu schrein.
Um die Stunde trink ich mein Glas in der Stadt aus und schmeiße
Den Tabakstummel weg und schlafe beunruhigt ein.

Wir sind gesessen ein leichtes Geschlechte
In Häusern, die für unzerstörbare galten
(So haben wir gebaut die langen Gehäuse des Eilands Manhattan
Und die dünnen Antennen, die das Atlantische Meer unterhalten).

Von diesen Städten wird bleiben: der durch sie hindurchging, der Wind!
Fröhlich machet das Haus den Esser: er leert es.
Wir wissen, daß wir Vorläufige sind
Und nach uns wird kommen: nichts Nennenswertes.

Bei den Erdbeben, die kommen werden, werde ich hoffentlich
Meine Virginia nicht ausgehen lassen durch Bitterkeit
Ich, Bertolt Brecht, in die Asphaltstädte verschlagen
Aus den schwarzen Wäldern in meiner Mutter in früher Zeit.

[...]

Es geht hier um [...] die Frage nach der Einheit der Person und der Existenz der Persönlichkeit, die das Bildungsziel der Neuzeit war. Diese Frage entspringt aus dem Zweifel an der Autonomie und Freiheit des Ich. Brechts Selbstporträt „Vom armen B. B." findet sich in der Sammlung von 1927, die mit dem altväterlichen Titel eines Erbauungsbuches „Haupostille" getarnt wurde, in groteskem Widerspruch zum unfrommen, skeptisch-zynischen Inhalt der Gedichte. Der Lyrismus der Baalzeit ist vorbei, „der Liedcharakter der Ballade ist aufgegeben".

Trotz Strophenform und Reim sind Sprache und Klang des Gedichtes voller Dissonanzen. In expressionistischer Manier zersetzen schockierend-banale Ausdrücke das Lyrische: Da „pissen" die Tannen in der Morgenfrühe, und „ihr Ungeziefer, die Vögel, schreit". Die Vögel sind dem Dichter seit jeher Sinnträger von Liebe und Trost – hier sind sie Ungeziefer; mit dem Bild der Tannen verbinden wir in aller herkömmlichen Dichtung Heiliges und Schönes – hier scheiden sie Unrat ab; das ist expressionistisch-grotesk und will es sein, um jede romantische Illusion zu zerstören – wie schon der Begriff „Aas" am Ende des Liedes vom ertrunkenen Mädchen. Und trotzdem spüren wir auch hier im Zusammenklang der ersten mit der letzten Strophe den elegischen Grundton, die Klage des verlassenen Ich, das mit „jedem Sterbsakramente" der Großstadt „von allem Anfang versehen ist": mit Zeitungen, Tabak und Branntwein. Zivilisationsverfall bezeichnen diese Signen in sich steigernder Form, Stimulantien und Rauschmittel unserer Zeit. Ihnen scheint das Ich, der Dichter, hilflos ausgeliefert zu sein. Er ist „arm" innerlich und äußerlich; anonym als B. B. fühlt er sich der Masse eingefügt; wenn er die anderen „ganz besonders riechende Tiere nennt", so setzt er hinzu: „es macht nichts, ich bin es auch". Er hat kein Zutrauen zu sich selbst wie zur Zukunft überhaupt. Das paradoxe Bild von dem Esser, der das Haus leert, „das ihn fröhlich macht", ist der stärkste Ausdruck jener Verzweiflung an der Scheinhaftigkeit des modernen Daseins. Die Zukunft birgt „nichts Nennenswertes". Im „Lied vom Rauch" heißt es noch deutlicher: „Doch uns Jungen, hör ich, steht das Tor weit offen. /Freilich, hör ich, steht es offen nur ins Nichts". Das ist der Beginn des Nihilismus, die Ahnung des Unterganges der westlichen Welt. Auch der Wind, der einzig in den Trümmern „des Eilands Manhattan" bleiben wird, ist kalt und gnadenlos. „Bei den Erdbeben, die kommen werden", hat der Dichter nur eine Hoffnung, sich selbst treu zu bleiben, als Bertolt Brecht, wie er sich zum Schluß mit vollem Namen nennt, der seine Zigarre – Zeichen des Gleichmuts und stoischer Haltung – nicht ausgehen lassen will. Ist aber mit diesem Wunsch, sich nicht überwältigen zu lassen „durch Bitterkeit", nicht auch schon der Wille zum Überstehen, zum Bewältigen der Zukunft verbunden? Also die heimliche Hoffnung, daß es doch einmal „besser" werde, wenn der Dichter auch nicht weiß „wann" angesichts der „Gentlemen" um ihn, die sich einem seichten Optimismus ergeben? – Gewiß liegen Resignation, Verzweiflung, ja Verachtung des Lebens in der Geste, mit der er nach durchzechter Nacht den „Tabakstummel wegschmeißt". Aber an diesem seelischen Tiefpunkt beginnt, so scheint mir, schon die Ahnung einer Wendung: Der Dichter ist zutiefst „beunruhigt" bis in den Schlaf hinein. Diese Unruhe kann schöpferisch werden. Die Negation der Gegenwart unserer Zivilisation, wie sie dieses Gedicht zeigt, wird zur Voraussetzung für den revolutionären, ethischen und politischen Willen der künftigen Dichtung Brechts. Wir sind alle nur „Vorläufige". Eine Wandlung ist nur möglich, wenn wir mit dem Dichter Einsicht gewinnen in die existenzielle Armut des Menschen vor der Zukunft, der nichts Bleibendes mehr hat, kein Erbe, kein Zuhause, keine Gemeinschaft und auch keinen Glauben.

Klaus Schuhmann[4]

„Mit diesem Gedicht ist der Liedcharakter der Balladen aufgegeben." [Clemens Heselhaus] Brecht steht an einem ersten Wendepunkt seiner künstlerischen Entwicklung. Er tritt nicht mehr als Seeräuber oder Abenteurer auf, sondern gibt jetzt „in der Maske eines durchschnittlichen Amerikaners eine Art Prognose über diese ganze amerikanisierte Zivilisation" [Heselhaus]. Nicht mehr Schiffsuntergänge und Naturkatastrophen, sondern „Erdbeben" bedrohen die menschliche Existenz. Noch begrenzen Geburt und Tod wie bei den Augsburger Balladen das Gedicht, und noch einmal entrollt sich zwischen diesen beiden Polen die Vita eines Menschen. Der Schauplatz jedoch hat gewechselt: die ländliche Idylle ist der großstädtischen Zivilisation gewichen. Auch die Ballade hat neue Züge angenommen. Clemens Heselhaus macht in seiner Interpretation auf die heterogenen Bestandteile des Gedichts aufmerksam. Die pathetisch gesteigerten Eingangs- und Schlußstrophen des Gedichts werden im Mittelteil von monotonen Berichtstrophen unterbrochen. Die Reflexion drängt die Elemente der Handlung zurück. Brechts spätere Gedichte auf die großen Männer der Geschichte zeichnen sich in ihren Konturen bereits 1921 ab.

Die beiden Eigangsstrophen geben eine Exposition. Es wird von der Herkunft aus den schwarzen Wäldern berichtet, hier offensichtlich autobiographisch getönt, aber dennoch verschlüsselt: Brecht nennt nicht den geographischen Terminus (seine Eltern waren Schwarzwälder). Die 1. Strophe bringt bereits zwei neue Worte aus dem dichterischen Vokabular des Städtebewohners: Kälte und Städte. Dennoch scheinen die beiden Begriffe ursächlich nicht zueinander zu gehören. Die Kälte ist nicht Attribut der Städte – wie in den meisten Gedichten ab 1921 –, sondern der Wälder. Das ist ein grotesker Sachverhalt: die Wärme des Mutterleibs schließt einen so frühen „Kälteschreck" eigentlich aus. Die 2. Strophe erhellt den Zusammenhang. Sie beginnt mit der überraschenden Feststellung:

In den Asphaltstädten bin ich daheim.

Das Großstadtleben wird ebenso selbstverständlich als Daseinsform akzeptiert wie das Leben im Mutterleib. Man hat sich daran gewöhnt, dort zu wohnen, freilich von Anfang an mit dem Wissen um das nahe Ende. Zweimal ist in den Eingangsstrophen vom Sterben die Rede. Die Aufzählung der „Sterbsakramente" nimmt bereits die Prognose vorweg, die Brecht am Schluß seines Gedichts dieser Zivilisation stellt. Die Sterbsakramente werden nicht mehr vom Priester gereicht, sondern nach Belieben Tag für Tag genossen. Ihre Wirkung ist deshalb auch nicht mit der des Sakraments zu vergleichen. Brechts Sterbsakramente entsprechen drei Formen des Daseins:

Zeitungen	–	mißtrauisch
Tabak	–	faul
Branntwein	–	zufrieden

Von der 3. Strophe an geht Brecht zum Bericht über. Der Tagesablauf eines Städtebewohners wird vorgeführt. Dabei wird betont, daß es sich um einen gewöhnlichen Fall handele, um eine Durchschnittserscheinung. Zweimal hebt Brecht die Übereinstimmung mit den übrigen Menschen hervor:

Ich setze einen steifen Hut auf nach ihrem Brauch.
Ich sage: es sind ganz besonders riechende Tiere
Und ich sage: es macht nichts, ich bin es auch.

Der Tagesablauf wird durch die Art des geselligen Miteinanders dargestellt. Er beginnt nicht am Morgen, sondern erst am Vormittag. Die Frauen in den Schaukelstühlen eröffnen das „Tagewerk". Es besteht darin, sie „sorglos" zu mustern und zu gestehen:

In mir habt ihr einen, auf den könnt ihr nicht bauen.

Dieser Schlußvers geht – ebenso wie die Schlußverse in den beiden Folgestrophen – über den bloßen Bericht hinaus, indem er ein gravierendes Urteil einschließt, das weitere Schlußfolgerungen über die Lebenshaltung dieses Städtebewohners nach sich zieht. Nicht zufällig werden in den Schlußversen der Berichtstrophen dreimal negative Befunde formuliert (auf mich könnt ihr nicht bauen, Ungewißheit, wann es besser wird, Beunruhigung). Das entspricht der Fragwürdigkeit der Tageserlebnisse. Denn auch die Geselligkeit des Abends kann nicht über die Leere und Sinnlosigkeit des Städtelebens hinwegtäuschen. Gegen Morgen ist der Lebensüberdruß dann groß. Peiorative Metaphern signalisieren es: die Tannen pissen, die Vögel – das Ungeziefer – werden als störend empfunden. Die Sterbsakramente (Tabak und Branntwein) sind verbraucht, der neue Tag ist bereits angebrochen. Er wird sinnlos vertan wie der vorangegangene. Alle Reize des Lebens scheinen verbraucht, die inneren Aufschwünge bleiben aus. Beunruhigt legt sich der Städtebewohner nieder.

Die drei Schlußstrophen, die an den Anfangspart des Gedichts anschließen, geben eine Zusammenfassung. Der dichterische Aussageradius weitet sich. Der modernen amerikanisierten Zivilisation wird das Urteil gesprochen. Die Ahnung künftiger Erdbeben, die ihr ein Ende bereiten könnten, geht in die Vision über:

> Von diesen Städten wird bleiben: der durch sie hindurchging, der Wind!

Der Prognose folgt das Credo des Städtebewohners:

> Wir wissen, daß wir Vorläufige sind
> Und nach uns wird kommen: nichts Nennenswertes.

Der Untergang der kapitalistischen Zivilisation wird dem Ende der Menschheitsgeschichte gleichgesetzt. Der Ausverkauf der bürgerlichen Werte erscheint als Endpunkt jeglicher Entwicklung. Hoffnungslosigkeit und Perspektivelosigkeit bestimmen die Sicht des Lyrikers, dessen Denken im Bannkreis spätbürgerlichen Verfalls befangen bleibt.

II. Die Ware Liebe

1. Entdeckung an einer jungen Frau (1913–1926)/Die Liebenden (1928/29)

Klaus Schuhmann[5]

Einen kalten und nüchternen Abschied nach der Liebesnacht wünscht der Nachtgast im Sonett *Entdeckung an einer jungen Frau,* um die Frau möglichst bald wieder vergessen zu können. Das gelingt ihm jedoch nicht, weil er beim Anblick der grauen Strähne im Haar der Geliebten so sehr ergriffen wird, daß er nicht mehr unbeteiligt Abschied nehmen kann.

Entdeckung an einer jungen Frau

Des Morgens nüchterner Abschied, eine Frau
Kühl zwischen Tür und Angel, kühl besehn.
Da sah ich: eine Strähn in ihrem Haar war grau
Ich konnt mich nicht entschließen mehr zu gehn.

Stumm nahm ich ihre Brust, und als sie fragte
Warum ich Nachtgast nach Verlauf der Nacht
Nicht gehen wolle, denn so war's gedacht
Sah ich sie unumwunden an und sagte:

Ist's nur noch eine Nacht, will ich noch bleiben
Doch nütze deine Zeit; das ist das Schlimme
Daß du so zwischen Tür und Angel stehst,

Und laß uns die Gespräche rascher treiben
Denn wir vergaßen ganz, daß du vergehst.
Und es verschlug Begierde mir die Stimme.

Auch diese Liebesnacht scheinen beide Partner von vornherein ohne Illusionen über die Dauer ihrer Verbindung begonnen zu haben. Der Abschied am Morgen soll kurz und schmerzlos sein. Und doch verweilt der Blick des Nachtgastes gebannt auf dem Antlitz der jungen Frau. Die Geliebte steht, wie es den Abmachungen entspricht, „kühl zwischen Tür und Angel", und der Blick des Scheidenden ist ebenfalls „kühl" – keine Träne vermag den Blick zu verschleiern. Das Metrum der zweiten Zeile hat mit seinen plötzlich anhebenden schweren Trochäen den jambischen Versfluß unterbrochen. Die Vokabeln „kühl", „Tür", „Angel", „sehn" tragen den Akzent. Aber es bleibt nicht beim verstandeskühlen Abschätzen des Nachtgastes. Diesmal schaut er nicht in ein „leeres" Antlitz, das sich leicht vergessen läßt. Die graue Strähne im Haar der Geliebten ist eine Entdeckung, die sie und dieses eine Liebeserlebnis vor dem Vergessenwerden bewahren. Das sorglos für eine Nacht eingegangene Liebesverhältnis ist mit einem Male ein Ereignis, das schon gefaßte Entschlüsse umzuändern vermag. Der Besucher bleibt noch eine Nacht. Die graue Strähne hat sein Mitgefühl erregt.

> Ist's nur noch eine Nacht, will ich noch bleiben
> Doch nütze deine Zeit; das ist das Schlimme
> Daß du so zwischen Tür und Angel stehst.

Nun erst wird deutlich, daß die graue Strähne im Haar der geliebten Frau den Liebespartner ahnen läßt, daß er ihr möglicherweise nie wieder begegnen wird. Denn die Liebe ist bedroht, weil die Geliebte bereits vom Alter und von der Sorge gezeichnet ist. Plötzlich weiß der unstete Nachtgast, daß „nur noch *eine Nacht* ist", daß die graugesträhnte Frau in einem tieferen Sinne zwischen Tür und Angel steht und Zeit genützt werden muß:

> Denn wir vergaßen ganz, daß du vergehst.

[...] Im Sonett *Entdeckung an einer jungen Frau* gelingt es [...] nicht, eine tragfähige Bindung zwischen den Liebenden herzustellen, obwohl sich eine tiefere Neigung anzubahnen scheint. Wohl bleibt der Fremde noch *eine* Nacht in den Armen der jungen Frau, doch er weiß, daß sie bald vergehen wird. Und schließlich erkennen auch Anton Ackermann und Jenny, daß ihre Liebe in der Geldstadt Mahagonny zerbrechen muß. Brecht läßt keinen Zweifel daran, daß es sich um eine Lebenserfahrung in der kapitalistischen Gesellschaftsordnung handelt und nicht nur persönliche Gefühle und Ermahnungen poetisch verdichtet werden.

> Die Liebenden
>
> Sieh jene Kraniche in großem Bogen!
> Die Wolken, welche ihnen beigegeben
> Zogen mit ihnen schon, als sie entflogen
> Aus einem Leben in ein andres Leben.
> In gleicher Höhe und mit gleicher Eile
> Scheinen sie alle beide nur daneben.
> Daß so der Kranich mit der Wolke teile

Den schönen Himmel, den sie kurz befliegen
Daß also keines länger hier verweile
Und keines andres sehe als das Wiegen
Des andern in dem Wind, den beide spüren
Die jetzt im Fluge beieinander liegen
So mag der Wind sie in das Nichts entführen
Wenn sie nur nicht vergehen und sich bleiben
So lange kann sie beide nichts berühren
So lange kann man sie von jedem Ort vertreiben
Wo Regen drohen oder Schüsse schallen.
So unter Sonn und Monds wenig verschiedenen Scheiben
Fliegen sie hin, einander ganz verfallen.
Wohin, ihr? – Nirgends hin. – Von wem davon? – Von allen.
Ihr fragt, wie lange sind sie schon beisammen?
Seit kurzem. – Und wann werden sie sich trennen? Bald.
So scheint die Liebe Liebenden ein Halt.

Wieder greift Brecht nach einer hohen Form lyrischer Dichtung und stellt sich in eine Tradition, die bis auf Dantes *Göttliche Komödie* zurückreicht. Diesmal geschieht es nicht mit provokatorischer Absicht. Inhalt und Form ergänzen sich harmonisch wie die beiden Liebenden in den wenigen Augenblicken innerer Gleichgestimmtheit und gegenseitiger Erfüllung. Die fünfhebigen Jamben erhalten klingende Versausgänge. Erst gegen Ende des Gedichts stellen sich auffallende Abweichungen ein. Das Reimschema wird modifiziert. Statt ghg reimt Brecht ggh und geht schließlich zum Paarreim über (i i). Aus klingenden werden im Paarreim stumpfe Versausgänge. Das Ende des Liebesglücks kündigt sich an. Die Liebe dauert nicht. So wie die heimatlosen Kraniche schon nach wenigen Minuten den Blicken der Liebenden entgleiten, zerstört die nackte Wirklichkeit den Traum vom Liebesglück, dem sich Paul und Jenny hingaben. Vor der Tür warten bereits neue Kunden auf Jenny. Das kurze Glück endet mit einer Dissonanz. Denn „erstens kommt der Liebesakt!".

Mahagonnywirklichkeit und Terzinenpoesie geraten in ein Spannungsverhältnis. Die Seligkeit des Augenblicks täuscht über die Schrecklichkeit des Dirnenalltags. Jenny darf sich nicht selbstvergessen dem Manne zuwenden, den sie wirklich liebt. Jeder so verbrachte Tag bedeutet für sie Einbuße an Existenzmitteln. Und resignierend bekennt sie:

Ja, Liebe, das ist leicht gesagt:
Doch, solang man täglich älter wird
Da wird nicht nach der Liebe gefragt
Da muß man seine kurze Zeit benützen.

Vergleicht man die beiden Terzette des Sonetts *Entdeckungen an einer jungen Frau* mit den Terzinen der *Mahagonny-Oper*, so wird man gewahr, in welch strarkem Maße Brecht das Vergänglichkeitserlebnis der Liebenden bereits auf die kapitalistische Gesellschaftsordnung bezieht. Nicht der außerordentliche und unvergeßliche Einzelfall einer jungen Frau, die schon die Schwelle des Alters betreten hat und den Nachtgast unwiderstehlich anzieht, fesselt den Dichter, sondern das Schicksal der vielen Jennys, die das Alter erwerbsunfähig macht. Auch die Liebesbeziehungen in der spätbürgerlichen Welt gehorchen dem Gesetz des Geldes. Die Zeit der Baalschen Liebesabenteuer ist vorbei. Die Mädchen kommen nicht mehr freiwillig in die Dachkammer des gesellschaftlichen Außenseiters. Sie geben sich nicht mehr gedankenlos hin. Das wilde und zügellose Liebesleben der Augsburger Gedichtgestalten entsprang den Gedanken und Wünschen eines Außenseiters, der sich mit seiner Dichtung bewußt aus dem gesellschaftlichen Bereich entfernte. Dieser Individualismus wird nun auch im Liebesgedicht fragwürdig. Brecht beginnt zu erkennen, daß auch Liebesbezeugungen in einer Warenwelt ökonomisch bedingte Verhaltensweisen sind und dem „Gesetz der Märkte" unterliegen. Die Liebe ist zur Ware geworden, an die Stelle der freien Wahl tritt der ökonomische Zwang. Liebe – das ist gefühllose „bare Zahlung". Dieser sozialkritische Aspekt der Betrachtung und die daraus resultierende dichterische Grundhaltung entsprechen am meisten der Gedankenwelt der Übergangszeit.

Edgar Neis[6]

Eines der schönsten deutschen Liebesgedichte: daß ein Mann wie Bertolt Brecht ein solches Gedicht [*Die Liebenden*] zu schreiben vermag, weist ihn allein schon als einen bedeutenden Dichter aus, als einen Dichter auch jener zeitlosen, ewigen Lyrik, die jenseits aller Parolen, aller Ideologien steht, welche die Dichtung in den Dienst des Tages zwingen und zur Magd einer einseitig orientierten parteipolitischen Richtung herabwürdigen wollen. Hier erweist sich Brecht als der große Magier, dem Wort und Bild untertan sind, um einen Ewigkeitsgehalt auszudrücken.

Was den unvergleichlichen Zauber dieses Liebesgedichtes ausmacht, ist schwer zu sagen: Ist es das meisterhaft beschworene Bild der ersten Verszeile

Seht jene Kraniche in großem Bogen!

das in den folgenden Zeilen seine Fortführung und Ergänzung durch das Bild der dahinziehenden Wolken findet? Ist es die von E über I nach dem offenen O hinüberspielende Lautfolge, die vom Ende der ersten Verszeile über die zweite bis zum dreifachen O-Laut der dritten einen großen Bogen spannt? Sind es die fast unmerklich feinen Assonanzen und Wortwiederholungen der vierten und fünften Verszeile, in denen bereits die bis zur sechsten Verszeile dominierenden Ei-Laute schon enthalten sind, die die Eile des Fluges und die Weite der Himmelslandschaft andeuten?

Genial der Einsatz des „Daß“ der siebenten Zeile, die im Enjambement in die achte hinübergreift, ein Einsatz, der mit der neunten wiederaufgenommen wird, während die zehnte, elfte und zwölfte Zeile den weitgespannten Satz zu Ende führen, wobei die Tongestalt der E-, Ei- und I-Laute der ersten Verszeile erhalten bleibt und die alliterierenden W-Laute das Wiegen der Vögel im Winde besonders versinnbildlichen; genial das konjunktivische „teile, verweile, sehe“, das seine Entsprechung in dem „mag“ der dreizehnten Verszeile findet. Die Schönheit des Fluges der Kraniche, dieses herrliche, flüchtige Dahinziehen über den schönen Himmel kann zugleich eine Entführung in das Nichts sein. Daher der Wunsch des Dichters:

> Wenn sie nur nicht vergehen und sich bleiben ...,

ein Wunsch, den die drei folgenden „So“-Sätze verstärken durch die Hoffnung, daß die über Zeit und Ort erhabene Dauer ihrer Existenz und die Beständigkeit ihres Fluges erhalten bleiben möge.

Der Flug der Kraniche als Sinnbild des Schicksals der Liebenden: voraussetzungslos, unberührt von Raum und Zeit, ohne Heimat, ohne Ziel, sich dem Irdischen entbindend, der Ewigkeit anheimgegeben:

> So unter Sonn und Monds verschiedenen Scheiben
> Fliegen sie hin, einander ganz verfallen.

Wer könnte kürzer und klarer der Heimat- und Ziellosigkeit der in sich selber seligen Liebe Ausdruck geben als Brecht dies tut mit den einfachen und doch so beziehungsreichen Worten der Schlußzeile*:

> Wohin, ihr? – Nirgend hin. – Von wem davon? – Von allen.

Selten ist das schicksalhafte Einander-Verfallensein reiner Liebender, die sich dem Irdischen entziehen, um in der Schönheit und Zeitlosigkeit ihrer

* Vgl. den Anfang der folgenden Interpretation von Ruth E. Lorbe. (V. M.)

Liebe Erfüllung zu finden, in einem Gedicht von solch makelloser Geschlossenheit und sinnbildhaften Transparenz ausgesprochen worden wie in diesem Gedicht Bertolt Brechts, in dem Lautbild und Sinnbild, rhythmische Bewegung und Satzmelodie in tiefem inneren Einklang stehen und ein Gebilde von vollendeter Harmonie und beseelter Innerlichkeit erstehen lassen.

Ruth E. Lorbe[7]

Brecht hat dieses Gedicht in zwei Fassungen hinterlassen. Bei der obigen Fassung handelt es sich um die frühe, ursprüngliche. In der späteren Fassung hat er die letzten drei Zeilen gestrichen, so daß der Schluß nun, mit veränderter Versaufgliederung, lautet:

Wohin, ihr? –
Nirgend hin. –
Von wem davon?
– Von allen.

Hauptgrund der Redaktion Brechts war offensichtlich, am Ende jede Erklärung des Gedichts wegzulassen und das Gedicht in seiner bildhaft-musikalischen Bewegung, ohne gedankliche Auflösung in den Schlußzeilen, wirken zu lassen. Man kann darüber streiten, ob der zugespitzte, sentenzenhafte Schluß besser oder eindrucksvoller ist als der offene, konstatierende, andeutende, als das Frage- und Antwortspiel. Für Brecht sind *beide* Schlüsse bezeichnend; denn sie zeigen seine beiden Hauptmittel: zugespitzte, beweisführende Logik und offene, rhythmisch ausgewogene Schwebe. In seiner Lyrik kommen durch das Zusammentreffen beider Fähigkeiten die größten Effekte zustande.

Das Gedicht ist balladesk, erzählend angelegt. Es wird jemand auf die Kraniche aufmerksam gemacht. Ohne daß es ausgesprochen wird, scheint hier der Liebhaber die Geliebte anzureden und ihr die Kraniche, als ein Beispiel, zu zeigen. Regelmäßig laufen die Verszeilen im Metrum dahin, kunstvoll verschränkt sind die Reime; beides erscheint nicht als abgetrennter Formalismus, sondern es verkörpert die Bewegung der Harmonie: das Schweben, das leichte Auf und Ab, das Flügelschlagen „in gleicher Höhe und mit gleicher Eile". Die Reime bewirken, daß die beiden im Flug zusammen gesehen werden; das bruchlose Zusammenspielen der Reime deutet auf die Zweisamkeit des Kranichpaars. Die Versenden werden überrundet von den Sätzen, in langem Atem, oder setzen der Satzbewegung ein Ende;

nur selten ist eine Atempause mitten im Vers, und dann verursacht sie keinen Bruch, sondern gleicht dem Anhalten und Weitergleiten im Flügelschlag:

> Den schönen Himmel, den sie kurz befliegen.

Erst gegen Schluß verklingt die Bewegung in kurzen Schlägen, die abebben: Wohin, ihr? – Nirgend hin. – Von wem davon? – Von allen. Der zweite Schluß mischt nicht das bittere Räsonnement direkt in das Gedicht ein, die skeptische Bemerkung über die nur scheinhafte Dauer dieses Liebesflugs. In der zweiten Fassung wird dieser Flug in seiner Einmaligkeit und Unwiederholbarkeit dargestellt, nicht illusionistisch, denn auch hier heißt es:

> Wenn sie nur nicht vergehen und sich bleiben
> *So lange* kann sie beide nichts berühren ...

und: Wohin, ihr? – *Nirgend hin.* – Von wem davon? – *Von allen.* Da sind keine Sicherheiten und keine umrissenen Ziele angegeben. Der Flug als Flug, in seiner Unsicherheit und Ziellosigkeit, besteht für sich selbst und in sich selbst. Er wird durch das Gedicht zum Ausdruck gebracht, und kann nur mit poetischen, nicht mit prosaischen Mitteln so zum Ausdruck gebracht werden. Da ist nichts übertrieben, kein Adjektiv zu viel, keine Bewegung zu heftig, kein Bild zu übersteigert. Hier sind gezeigte Bewegung und im Gedicht vorhandene Bewegung eins. Dadurch, daß jemand auf den Vorgang aufmerksam gemacht wird („Sieh jene Kraniche ...“), kann Brecht die Rolle des Anredens, des Zu-jemand-Redens durchhalten. Das ist eine poetische Geste, die er oft verwendet. Er will zu denen, die um ihn herum sind, reden. Er will sie aufmerksam machen. Sprache ist für ihn ein Mittel, das dazu da ist, um mit anderen sich zu verständigen, auch im Gedicht. Daher sucht er solche poetischen Gesprächs-Situationen. Daher ist ihm die Situations-Erfassung und der Aufruf zur Situations-Veränderung mit gewohnten Sprachmitteln wichtiger als die Veränderung der Sprachmittel selber. Aus der Zeit um 1920 (also in Auseinandersetzung mit Dada- und Expressionismus) stammt Brechts Ausspruch: „Ich weiß nicht, warum die Jüngsten so krampfhaft an ihrem Material herumneuern und mit der Reform bei der Sprache anfangen, die doch recht eigentlich das Unbedachteste, Leichtwiegendste, Schwebendste sein soll und deren ganzer Reiz verblaßt, wenn sie absichtlich wirkt und willkürlich, ja schon, wo sie überhaupt Objekt scheint.“ Brecht wirkte deshalb häufig mit traditionellen Mitteln auf seine gesellschaftlichen, politischen Ziele hin. Hier ist es der Balladenton, den er benutzt. Oft sind es die

Mittel des Chansons, des Bänkelsangs, des Lieds. Durch die Beschreibung des schwerelosen Dahingleitens des Kranichpaares am Himmel reicht das Gedicht auch hinein in die Zone des Märchens. Es verweilt aber nicht darin; denn der deutliche Hinweis auf die Bedrohung, auf die zeitliche Begrenzung solch eines harmonischen Zustandes führt zurück in die Realität, aus der das Kranichpaar geflüchtet ist: „... – Von wem davon? – Von allen." So wird offenbar, wie armselig die Wirklichkeit ist. Eine Veränderung erweist sich als notwendig.

Handreichungen für den Lehrer zum Lesebuch „Kompaß"[8]

Das Gedicht als Ausnahme

Wer als Uneingeweihter dieses Gedicht liest, der schreibt es jedem anderen zu, nur nicht Bertolt Brecht. Und auch der Brechtkenner weiß, daß diese Verse im Gesamtwerke Brechts eine Ausnahme darstellen. Gerade von Brecht wird wie von keinem andren „der ganze Schmuckcharakter der herkömmlichen Lyrik bewußt abgebaut".

Dafür lassen sich in seinen eigenen theoretischen Ausführungen zahlreiche Belege nennen:

„Ich habe zu verstehen gegeben, daß man das Hohelied von mir nicht mehr erwarten darf." (Vierter Psalm)

„Köstliche Musik der Worte wird nur berichten, daß da für viele kein Esssen war." (Die Literatur muß durchforscht werden.)

Unter vielen anderen ist auch das „Lied der preiswerten Lyriker" zu nennen, das den Tadel an der hohen Lyrik in einer scheinbaren Rechtfertigung der Lyriker verfremdet; bezeichnend seine letzte (16.) Strophe:

„Als ich das, was ihr hier lest (ach, lest ihr's?), *begonnen*
Wollt ich auch jede dritte Zeile in Reimen verfassen.
Aber da war mir die Arbeit zu groß, ich gesteh es *nicht gern*
Und ich dachte: wer soll das bezahlen? und hab es gelassen."

„Ich benötige gehobene Sprache; aber mir widerstand die ölige Glätte des üblichen fünffüßigen Jambus. Ich brauchte Rhythmus, aber nicht das übliche Klappern ..." (Aufsatz „Über reimlose Lyrik mit unregelmäßigen Rhythmen"). Und im Nachtrag dazu: „Sehr regelmäßige Rhythmen hatten auf mich eine mir unangenehme einlullende, einschläfernde Wirkung ... Außerdem war die Sprechweise des Alltags in so glatten Rhythmen nicht unterzubringen, es sei denn ironisch ..." Eines seiner späten kurzen Gedichte sagt:

„Beim Anhören von Versen
des todessüchtigen Benn
habe ich auf Arbeitergesichtern einen Ausdruck gesehen,
Der nicht dem Versbau galt und kostbarer war
Als das Lächeln der Mona Lisa."

Trotzdem: Brechts Gedicht „Die Liebenden" ist Lyrik, die nach Bau, Versmaß (5füßige Jamben!), Rhythmus, Reim und Gesamtkomposition höchsten formalen Ansprüchen gerecht wird. Dieses Gedicht muß auch den letzten überzeugen, daß Brechts oft primitiv gescholtene Sprachgestaltung weder von einem Nichtkönnen noch von einer gewissen Gleichgültigkeit und auch nicht von einer beabsichtigten sprachlichen Reduzierung auf die proletarische Ebene herrühren, sondern daß die Sprache Brechts bewußt eingesetztes Stilmittel ist, so wie Brecht hier – bewußt und gekonnt – Verse der von ihm abgelehnten „hohen Lyrik" geschrieben hat, kunstvolle Terzinen nämlich, die bis zu ihrem fünfzehnten Vers ungestört bleiben.

Auch in einer zweiten Hinsicht stellt dieses Gedicht eine Ausnahme dar. Es ist ein Liebesgedicht und damit in der Gegenwartsliteratur an sich schon fragwürdig. War in der Zeit des Sturm und Drang, in der Zeit des „jungen Werther" das Liebesgedicht noch für einen jeden, der von ihm angesprochen war, bis in die letzte Konsequenz hinein voller Verbindlichkeiten, so ist ihm heute sowohl durch sentimentale Entwürdigung als auch durch die Übersteigerung des Erotischen in einem solchen Ausmaß der Boden der Glaubhaftigkeit entzogen, daß der Lyriker kaum noch in der Lage ist, das Erleben der Liebe dichterisch zu gestalten und zu erhöhen. Karl Krolow sagt, daß das Persönliche in der Massengesellschaft geschwunden sei und damit die Fähigkeit der Identifikation mit dem, was im Liebesgedicht bisher als Gefühl destilliert ist, zerfallen sei.

Unser Gedicht ist dazu noch von Bertolt Brecht, der die „sakralen und mystischen Möglichkeiten der Poesie für einen betrügerischen Zauber hielt." Im vollem Widerspruch dazu entrücken und verwandeln aber diese Verse das Erleben der Liebe auf eine märchenhafte Weise. B.v. Wiese schreibt dazu:

„Was in der zwischenmenschlichen Welt des bloßen Sexus immer mehr verlorengeht, so daß der Weg zum Liebesgedicht zunehmend verstellt wird oder nur noch in pervertierter Form dem Dichter ausdrückbar ist, läßt sich durch märchenhafte Verwandlung auf indirekte Weise in das moderne Bewußtsein wieder positiv hineinnehmen." Bei diesem Gedicht liegt eine

„Identifizierung von Wirklichkeit und Märchen vor, die sich Brecht in diesem Falle nur darum gestattet, weil er die Welt der Gesellschaft vorher ausklammert.“

„Die Liebenden“ als verfremdender Kontrast

Das heißt unter anderem: Diese Verse sind in eine Szene von Brechts Oper „Aufstieg und Fall der Stadt Mahagonny“ (1928/29) so eingebaut, daß sie zum übrigen Geschehen in völligem Widerspruch stehen und als Kontrast den anderen Teil in einem solchen Maße verfremden, in dem sie von ihm selbst verfremdet und in Frage gestellt werden. Es handelt sich um ein Rollengedicht, das zur Szene „Lieben“ (14. Bild) gehört und von Paul und Jenny in einem Bordell gesprochen wird, dem Jenny angehört. Eine Schlange von Männern steht mit dem Gesang des Songs von Mandelay nach „Liebe“ an.

> „Mutter Goddams Puff in Mandelay
> Sieben Bretter an'ner grünen See.
> Goddam, was ist das für ein Etablissement!
> Da stehen ja schon fünfzehn die Bretterwand entlang.
> In der Hand die Uhr und mit Hohé!
> Gibt's denn nur ein Mensch in Mandelay?
> Menscher sind das Schönste auf der Welt,
> Denn sie sind, zum Teufel, wert ihr Geld.
> Und es wäre alles einfach in der Ordnung,
> Wenn der Mensch, der drin ist, nicht so langsam wär.
> Nehmt den Browning, schießt mal durch das Türchen,
> Denn der Mensch, der drinnen, hindert den Verkehr.
> Rascher, Jonny, he, rascher, Johnny, he!
> Stimmt ihn an den Song von Mandelay!
> Liebe, die ist doch an Zeit nicht gebunden.
> Johnny, mach rasch, denn hier geht's um Sekunden!
> Ewig nicht steht der Mond über dir, Mandelay.“

Einer nach dem anderen rückt auf, bis Paul und Jenny in diesem Zimmer beieinander sind und ihr Duett sprechen, das sich nach Form und Gehalt völlig aus der Szene heraushebt, von der es umkleidet wird. Die Liebenden sind ihrer Umgebung entrückt, sind aus dem Geschäftsbetrieb des sexuellen Konsums entflohen in die utopischen Bereiche ihrer Liebe, deren Abbild sie fern der irdischen Realität in märchenhafter Verzauberung erblikken.

Zum Verständnis des Gedichts

Die 23 Zeilen des Gedichts stellen Terzinen dar, dreizeilige Strophen in fünffüßigen Jamben. Hier (und bei Brecht) ist diese Dreizeiligkeit typographisch nicht angezeigt. Der Strophencharakter der Terzinen kann ohnehin in keinem Falle sehr deutlich werden, weil ihre Reime die Zeilen kunstvoll miteinander verzahnen und das Ganze in einen weiten Bogen spannen. Dies ist das Reimschema unseres Gedichts:

aba bcb cdc ded efe fgf ggh ii.

Die Strophen, die dem Schema entsprechen würden, sind hier in der Gruppenordnung der Raumbezeichnungen angedeutet. Es fällt auf, daß in der zwanzigsten Zeile das Reimschema der Terzine aufgegeben wird: g tritt um eine Zeile zu früh ein, für h gibt es keine Entsprechung, und im simplen Paarreim ii klingt profan das kunstvolle Gedicht aus. Ja, der regelhafte, gleichmäßige und ruhige Aufbau wird gegen das Ende des Gedichts in mehrfacher Hinsicht formal gestört. Die Zeilen 16, 18, 20, 22 sind sechsfüßig. Von der 20. Zeile an ist der Dialog, der von der 7. bis zur 17. Zeile eine weite Periode umfaßt hatte, in das Nacheinander der kurzen Fragen Pauls und der noch kürzeren Antworten Jennys aufgesplittert, so daß ihm ein vordergründiger Charakter zuteil wird und er in die Alltagssprache zurückfällt. In der vorletzten (22.) Zeile wird gar der klingende Reim aufgegeben, und in stumpfem Zeilenausgang steht da, hoffnungslos isoliert, als die kürzeste und lakonische Aussage am Ende des Rollengedichts das Wort „Bald“, das Bald für ein Ende der Liebe. Die Zeile „So scheint die Liebe Liebenden ein Halt“ ist nur noch scheinbar eine Wiederaufnahme der alten Form, die nach dem enttäuschenden vorherigen Abbau nicht mehr glaubhaft werden kann, und tatsächlich entspricht auch die Aussage nicht mehr der märchenhaften Entrückung, die mit der Kranichbeobachtung in 19 Zeilen ihren sprachlichen Ausdruck gefunden hatte.

Zwei Bilder werden metaphernhaft verwendet und einander zugeordnet. Erst ganz zum Schluß werden diese dichterischen Metaphern in nachträglicher Distanzierung zum prosaischen Vergleich profaniert. (*So* scheint die Liebe Liebenden ein Halt). Diese Bilder sind es: Zwei Kraniche, in denen Paul und Jenny – der grausamen Wirklichkeit Mahagonnys traumhaft „aus einem Leben in ein anderes Leben“ entflohen – sich selbst erkennen, und die Wolke(n), welche ihnen beigegeben und mit der (denen) sie den schönen Himmel (ihrer märchenhaften Liebe) teilen. Für Wolke und Kranich gibt es keinen Aufenthalt, kein Verweilen, kein Verharren. Die Kraniche vertrauen sich, nur dem seligen Augenblick hingegeben, der windgetriebenen Wolke an, die ohne Ziel ist, die ihre Existenz, ihre Richtung und ihre Bewegung nur vom Wind hat und so dem Gesetz dauernder Veränderung unterworfen ist. Allein so, in ihrem Vertrauen auf die veränderliche Wolke, mit der sie sich in das Nichts entführen lassen, werden die Liebenden einander bleiben. So nur kann ihnen „unter Sonn und Monds wenig verschiedenen Scheiben" das Nichts, in das sie sich entführen lassen, zur Ewigkeit werden. Das Veränderliche, das Bewegliche, das Weiche, das Schwebende ist in dieser Welt von Bestand, nicht das Starre, Geplante, das Harte. Von den Wolkenkratzerstädten Amerikas

> „wird bleiben: der durch sie hindurchging,
> der Wind!" (Vom armen BB)
> „Daß das weiche Wasser in Bewegung mit der Zeit den mächtigen Stein besiegt.
> Du verstehst, das Harte unterliegt." (Legende von der Entstehung des Buches Taoteking auf dem Weg des Laotse in die Emigration)

In der „Ballade vom Wasserrad" betreibt das Wasser am Ende gegen den Willen der Mächtigen seine eigene Sache.

Ganz deutlich wird es im „Schuh des Empedokles":

> „Langsam, wie Wolken
> sich entfernen am Himmel, unverändert, nur kleiner werdend,
> Weiter weichend, wenn man nicht hinsieht, entfernter,
> Wenn man sie wieder sucht, vielleicht schon verwechselt mit andern
> So entfernte er sich aus ihrer Gewohntheit, gewöhnlicherweise."

In seiner Interpretation von „Erinnerung an die Marie A." zieht Albrecht Schöne auch „Die Liebenden" zum Vergleich heran. Hier wie dort wird die Wolke Sinnbild:

> „Die Pflaumenbäume blühn vielleicht noch immer
> Und jene Frau hat jetzt vielleicht das siebte Kind
> Doch jene Wolke blühte nur Minuten
> Und als ich aufsah, schwand sie schon im Wind."
> (Erinnerung an die Marie A.)

Über 19 Zeilen hin zieht sich das Bild von Wolke und Kranichen. Für die beiden Betrachter existiert nur dieses Bild, mit dem sie sich identifizieren, unwesentlich, wer das Geschaute spricht, Jenny, Paul oder „Beide".

Sie sind eins und sind eins zugleich mit dem Bild, das uns durch sie erlebbar wird.

Dann zerbricht in drei Zeilen diese Einheit. Noch einmal ein Anruf an die Kraniche: „Wohin ihr? Von wem entfernt?" Ein letztes Mal entsprechen die Antworten dem erlebten Bild: „Nirgendhin" ... „Von allen". Das nächste Ihr von „Ihr fragt" aber meint nicht mehr die Kraniche, sondern das Publikum, setzt das Bild, mit dem die beiden Liebenden sich so sehr identifizieren, in eine solche Distanz, daß man darüber mit Dritten sprechen kann, und von den Kranichen ist nur mehr in der dritten Person die Rede: „Und wann werden *sie* sich trennen?" Die Blickrichtung ist völlig entgegengesetzt; sie wendet sich vom geschauten Bild zum Publikum. Die Entzauberung ist total. Das Bild, das sich beide von ihrer Liebe gemacht haben, ist bewußt, ist reflektierbar geworden. Und so ist das Ende der Liebe vorhersehbar und „bald". Der von beiden gesprochene lehrhafte Schlußsatz „So scheint die Liebe Liebenden ein Halt" ist voller Fragwürdigkeiten und wirkt nach der märchenhaften Entrückung wie eine undefinierbare Phrase. Der vorher gekennzeichnete Abbau der kunstvollen Form in den letzten Zeilen und die Rückkehr aus dem Märchen in die prosaische Wirklichkeit von Mahagonny sind integrierte Bestandteile der Einheit von Gestalt und Gehalt, die sich hier auf eine überzeugende Weise darstellen läßt.

Methodische Hinweise

Es muß dem Lehrer überlassen bleiben, ob er den Rahmen bezeichnen will, in den das Gedicht in Brechts Oper „Vom Aufstieg und Fall der Stadt Mahagonny" gefaßt ist. Zwar verwendet Brecht Rahmen und Inhalt als einander verfremdende Kontraste und setzt somit beide als zwei einander bedürfende Elemente der einen dialektischen Aussage; doch ist das Gedicht, auch auf sich allein angewiesen, so aussagestark, daß es ohne den kontrastierenden Hintergrund Mahagonnys auskommt, zumal es eines der wenigen „möglichen" modernen Liebesgedichte ist.

Es sollte zunächst vom Lehrer als Einheit so vorgetragen werden, daß die Rollenverteilung nicht bewußt wird. Verschiedene Wege der erschließenden Betrachtung sind möglich:

1. Von der Form her, indem der Aufbau der Terzinen und ihr Abbau untersucht werden und von dort aus die gehaltliche Entsprechung aufgezeigt wird.
2. Von der Aussage her. Dabei kann die Doppelfrage „Wen meint das „ihr" der 20. Zeile (Wohin ihr?) und wen das der 21. Zeile (Ihr fragt, ...)?" zum Schlüssel des Gehalts werden.

In beiden Fällen wird der Teil der reinen Terzinen, der Teil des himmelfernen und entrückten Bildes mit seinen Metaphern von Kranich, Wolke und Wind als formale und gehaltliche Einheit gesehen werden müssen, die im zweiten Teil mit der Aufhebung der Form, der Entzauberung des Bildes und durch eine veränderte Blickrichtung zerstört wird. Im ersten Teil sind die Dialogstücke der Sprechenden Elemente einer einzigen Aussage, so daß die szenischen Anweisungen „Paul, Jenny, Beide" überflüssig erscheinen; im zweiten Teil erhalten sie Bedeutung.

Mancher Deutschlehrer wird den ersten der beiden Wege vermeiden, um die geschlossene Aussage des Gedichtes und seine Gesamtwirkung durch Formalanalysen nicht zu stark zu beeinträchtigen. Brecht würde ihm widersprechen:

„Der Laie hat für gewöhnlich, sofern er ein Liebhaber von Gedichten ist, einen lebhaften Widerwillen gegen das, was man das Zerpflücken von Gedichten nennt, ein Heranführen halber Logik, Herausreißen von Wörtern und Bildern aus diesen zarten blütenhaften Gebilden ... Der Laie vergißt, wenn er Gedichte für unnahbar hält, daß der Lyriker zwar mit ihm jene leichten Stimmungen, die er haben kann, teilen mag, daß aber ihre Formulierung in einem Gedicht ein Arbeitsvorgang ist und das Gedicht eben etwas zum Verweilen gebrachtes Flüchtiges ist, also etwas verhältnismäßig Massives, Materielles. Wer das Gedicht für unnahbar hält, kommt ihm wirklich nicht nahe. In der Anwendung von Kriterien liegt ein Hauptteil des Genusses. Zerpflücke eine Rose, und jedes Blatt ist schön." (Über das Zerpflücken von Gedichten).

Und im Dezember 1952 schreibt er an die „lieben Pioniere":

„Ich glaube nicht, daß es dem Gedicht (J.R. Becher, ‚Deutschland') schadet, daß ich es ein wenig auseinandergeklaubt habe. Eine Rose ist schön im ganzen, aber auch jedes ihrer Blätter ist schön. Und glaubt mir, ein Gedicht macht nur wirkliche Freude, wenn man es genau liest. Allerdings muß es auch so geschrieben sein, daß man das tun kann." (Wie man Gedichte lesen muß).

2. Lied des Freudenmädchens (1932/34)

Johannes Pfeiffer[9]

Lied des Freudenmädchens

1
Meine Herren, mit siebzehn Jahren
Kam ich auf den Liebesmarkt
Und ich habe viel erfahren.
Böses gab es viel
Doch das war das Spiel.

Aber manches hab ich doch verargt.
(Schließlich bin ich ja auch ein Mensch.)
Gottseidank geht alles schnell vorüber
Auch die Liebe und der Kummer sogar.
Wo sind die Tränen von gestern abend?
Wo ist der Schnee vom vergangenen Jahr?

2
Freilich geht man mit den Jahren
Leichter auf den Liebesmarkt
Und umarmt sie dort in Scharen.
Aber das Gefühl
Wird erstaunlich kühl
Wenn man damit allzuwenig kargt.
(Schließlich geht ja jeder Vorrat zu Ende.)
Gottseidank geht alles schnell vorüber
Auch die Liebe und der Kummer sogar.
Wo sind die Tränen von gestern abend?
Wo ist der Schnee vom vergangenen Jahr?

3
Und auch wenn man gut das Handeln
Lernte auf der Liebesmess':
Lust in Kleingeld zu verwandeln
Wird doch niemals leicht.
Nun, es wird erreicht.
Doch man wird auch älter unterdes.
(Schließlich bleibt man ja auch nicht immer siebzehn.)
Gottseidank geht alles schnell vorüber
Auch die Liebe und der Kummer sogar.
Wo sind die Tränen von gestern abend?
Wo ist der Schnee vom vergangenen Jahr?

Im raffiniert legeren Stil des Bänkelsanges wechselt das Lied zwischen einer darstellenden Hauptstrophe und einem die Summe ziehenden Refrain. Die Hauptstrophe umfaßt jeweils sieben Zeilen, deren Rhythmus in der Weise abgestuft ist, daß auf drei viertaktige Verse zwei folgen, deren rhythmischer Ablauf zu drei Takten verkürzt ist, während dann der sechste Vers in fünftaktigem Gefälle ausschwingt. Den Abschluß aber bildet jedesmal ein mit dem Wort „schließlich" einsetzender Vers, dessen viertaktige Gliederung sich kaum noch als solche abhebt, da er sich in einem prosanahen Sprechton von schnoddriger Beiläufigkeit hält (was im Druckbild durch Einklammerung unterstrichen ist). Der Refrain wiederum wechselt von zwei Versen, die mit fünftaktiger Breit glatt und leicht dahinfließen, zu zweien, deren verlangsamte Bewegung sich in vier ungleich gewichtigeren Takten vollzieht.

Die Hauptstrophen dienen der andeutenden Darstellung einer typischen Situation, der Refrain bringt eine umfassende Grundstimmung zum Ausdruck. Die Hauptstrophen haben den zugleich frivol trällernden und schneidend gezogenen Ton eines Chansons, die Refrainstrophen sind von gebrochener Wehmut durchbebt; wie dort in den Sinnbildern des Liebesmarktes das Elend eines sich selber durch die Unnatur der Verhältnisse entfremdeten Daseins erscheint, so hier in den Sinnbildern von Tränen und Schnee das leidende Wissen um das eigentliche Leben. Indem sich dieser Aufbau mit einer ebenso strengen wie unauffälligen Regelmäßigkeit durch alle drei Strophen hindurch wiederholt, ereignet sich zugleich eine verhaltene Steigerung.

Was dem Liede seinen hohen artistischen Reiz wie seine geheime Sinntiefe gibt, ist eine souverän gemeisterte Doppelbodigkeit, die auf einer zweifachen Spannung beruht; die Spannung zwischen scheinbar zynischer Kälte und untergründiger Beseeltheit ist überlagert von der ganz anderen Spannung, die dadurch entsteht, daß sich hier das lyrische Ich nicht unmittelbar und als solches gibt, sondern durch ein fiktives, ein Rollen-Ich hindurch, das aus einer szenisch vorgestellten und mimisch vergegenwärtigten Situation spricht.

Klaus-Detlef Müller[10]

An die Gestalt der Nanna Callas* lassen sich grundsätzliche Überlegungen zu Brechts Verständnis des Kapitalismus anknüpfen. Nanna ist eine Dirne. Das Dirnenmotiv taucht bei Brecht schon früh auf (s. ‚Trommeln in der Nacht', ‚Hauspostille', ‚Dreigroschenoper', ‚Mahagonny') und ist von Anfang an stark gesellschaftskritisch. Sein volles Gewicht erhält es jedoch erst im Lichte des marxistischen Menschen- und Geschichtsbildes.

Die marxistische Anthropologie sieht den Menschen in der Klassengesellschaft unter der Kategorie der Entfremdung. Der Mensch gelangt seinem Wesen nach zum Selbstsein, indem er in der Arbeit aus sich heraustritt und sich im Produkt der Arbeit als seinem vergegenständlichten Selbst anschaut. Dieser notwendige Prozeß wird verfälscht, wenn der Gegenstand

* Das „Lied des Freudenmädchens" steht ursprünglich als Nannas Lied in dem Stück „Die Rundköpfe und die Spitzköpfe". (V. M.)

nicht mehr Selbstentäußerung bleibt, sondern zur Ware verdinglicht wird, wenn also die Arbeit zum bloßen Mittel der Selbsterhaltung herabsinkt. Als Ware wird das Produkt der Arbeit von seinem Schöpfer und damit das vergegenständlichte Selbst von seinem Ich getrennt: der Mensch wird sich selbst entfremdet. Diese Entfremdung steigert sich durch die Arbeitsteilung, die es dem Menschen unmöglich macht, sich selbst zu vergegenständlichen, sei es auch nur in der Form der Ware, und die seine Arbeit auf bloße Handgriffe reduziert. Durch Warenproduktion und Arbeitsteilung entstehen Eigentum und Ausbeutung.

Der Arbeiter, der seine Arbeitskraft an den Besitzer der Produktionsmittel verkaufen muß, um überhaupt leben zu können und für den die Arbeit reiner Broterwerb ist, ist in besonderem Maße vom Schicksal der Entfremdung betroffen.

Als einen Sonderfall und als Symbol dieses Proletarierschicksals gestaltet Brecht die Dirne Nanna Callas. Die Dirne ist Prototyp der kapitalistischen Verdinglichung: für sie wird der eigene Körper zur Ware. Sie verkauft nicht nur ihre Arbeitskraft, sondern sich selbst, ihr Leben und ihre Liebesfähigkeit. Nanna „(muß) sich verkaufen" [...], weil die Pacht von ihrem Vater nicht aufzubringen ist. Dabei erscheint ihr Los der Pächtersfamilie noch beneidenswert im Vergleich mit der Fronarbeit.

[...]

Nanna empfindet, wie ihr Auftrittslied [...] bezeugt, das Dirnendasein durchaus als Entfremdung. Sie widersetzt sich aber ihrem Los nicht, sondern nimmt es resigniert hin, wenn sie auch den Ausverkauf des Gefühls, die unschönen Szenen und die Zumutung, „Lust in Kleingeld zu verwandeln", als unverträglich mit ihrer Menschenwürde empfindet: „Schließlich bin ich ja auch ein Mensch" [...]. Weil sie weiß, daß sie durch ihren Beruf um ihr Leben betrogen wird, fürchtet sie das Alter.

Die Funktion des Auftrittsliedes erläutert Brecht im Sinne der Verdinglichung: Nanna tritt mit dem Lied „unter die Straßenembleme des Kleinhandels, eine Ware unter Waren" [...].

III. Gute Taten oder Klassenkampf?

1. Lob der Partei / Wer aber ist die Partei? (1930)

Johannes Pfeiffer[11]

Wie das Gedicht von innen, das heißt von seiner eigenen Wesensmitte her dadurch gefährdet wird, daß es sich formalistisch entleert oder in offenbarende Verkündigung umschlägt, so von außen her dadurch, daß es pragmatischen Tendenzen oder konfessionellen Bedürfnissen dient. Was das erste betrifft, so zeigt etwa das folgende Beispiel, wie sinnbeseelte Dichtung durch tendenziöse Gebrauchslyrik ersetzt ist:

Lob der Partei

Der Einzelne hat zwei Augen
Die Partei hat tausend Augen.
Die Partei sieht sieben Staaten
Der Einzelne sieht eine Stadt.
Der Einzelne hat seine Stunde
Aber die Partei hat viele Stunden.
Der Einzelne kann vernichtet werden
Aber die Partei kann nicht vernichtet werden
Denn sie ist der Vortrupp der Massen
Und führt ihren Kampf
Mit den Methoden der Klassiker, welche geschöpft sind
Aus der Kenntnis der Wirklichkeit.

Die dichterische Sinngestalt ist hier zusammengeschrumpft zum bloßen Transportmittel, das dazu dient, einen wißbaren und als solcher verfügbaren Sachverhalt an einen Kreis von Empfängern so heranzutragen, daß diese in ihrem politischen Aktionsbewußtsein gestärkt oder bestätigt werden.

Das Ganze ist in der Weise aufgebaut, daß die ersten beiden Drittel den Gegensatz zwischen der beschränkten Sicht des einzelnen und der überlegenen Sicht der Partei durch antithetisch abwandelnde Wiederholung veranschaulichen, wobei es der Gefahr stereotyper Eintönigkeit entgegenwirkt, daß im dritten und vierten Vers die parallelisierende Reihenfolge der Antithesen durch einen belebenden Wechsel unterbrochen wird;

das letzte Drittel enthält dann demgegenüber so etwas wie eine begründende Konklusion.

Was die frei-rhythmische Gliederung betrifft, so erweist sie sich als die nachträgliche Ab-Teilung einer Verstandesprosa, deren Gang bei aller einprägsamen Übersichtlichkeit eben doch lediglich der sinnbestimmten Akzentuierung folgt; die bildhafte Darstellung aber vermittelt Zug um Zug einen Vorstellungskern von rationaler Festgelegtheit, der durch die Hülle der versinnlichenden Ausdrucksmittel als vorgegebene Unterlage und außerdichterischer Zweck hindurchscheint.

So verdeutlicht denn dieses Beispiel den wesensmäßigen Widerstreit von dichterischer Gestaltung und pragmatischer Rhetorik. Dichterische Gestaltung setzt nun einmal eine kontemplative Entrückung voraus, kraft derer die Wirklichkeit sich rundet zu einem losgelösten Bild von unergründlicher Tiefe. In dem Maße dagegen, als der Ausdruck einem Willen dient, der darauf zielt, das Dasein durch propagandistische Beeinflussung zu verändern, im selben Maße bleibt er stecken in platter Aktualität; statt durchlässig zu werden für die unendliche Sinnfülle des verborgen-gegenwärtigen Seins, verdorren die Dinge zu geheimnisloser Vordergründigkeit, die eben als solche der symbolischen Verklärung widersteht.

Aber auch diese Einsicht bedarf sofort wieder der Sicherung: insofern nämlich, als man die für den dichterischen Wesensblick bestimmende Loslösung nicht etwa mißverstehen darf im Sinne einer unangefochtenen Zuschauerhaltung. Dichtung fordert so wenig den Verzicht auf „Engagement“, daß vielmehr ein Äußerstes an verantwortlicher Teilnahme immer noch der Verwandlung fähig ist zur freien Schwebe einer gestalthaft-erhellenden Vision.

Ulla C. Lerg-Kill[12]

Das *Lob der Partei* behauptet seinem Inhalt und seiner publizistischen Bedeutung und Verbreitung nach den zentralen Platz innerhalb der politischen Dichtung kleiner Form Brechts. Schwerlich ein zweites Mal dürfte der totale Führungsanspruch einer Partei und die ihr eigene Gesetzlichkeit in ähnlicher Form gestaltet worden sein.

Die in diesem Gedicht verarbeiteten Grundsätze gehen zurück auf die Anschauungen Lenins und Stalins und erst an zweiter Stelle auf die Marx' und Engels'. Nach den Worten des *Kommunistischen Manifests* ist der Führungsanspruch der Kommunisten zunächst noch allgemeiner Natur: „Die Kommunisten unterscheiden sich von den übrigen proletarischen

Parteien nur dadurch, daß sie ... die ... Interessen des gesamten Proletariats hervorheben ... (und) das Interesse der Gesamtbewegung vertreten."

Freilich sind die entscheidenden Bedingungen, die bei Lenin und Stalin zur Bestimmung der Priorität der Partei führten, bei Marx und Engels bereits im Keim vorgebildet. Die Anerkennung der übergeordneten Bedeutung des Parteiapparats ist jedoch im wesentlichen auf die theoretische und praktische Arbeit Lenins zurückzuführen: „Die politische Partei kann nur die Minderheit der Klasse erfassen, ebenso wie die wirklich klassenbewußten Arbeiter in jeder kapitalistischen Gesellschaft nur die Minderheit aller Arbeiter bilden. Deshalb müssen wir anerkennen, daß nur diese bewußte Minderheit die Führung der breiten Arbeitermassen übernehmen kann."

Brechts *Lob der Partei* hat die Anerkennung dieses elitären Prinzips zur Voraussetzung. Es geht sogar noch um einen Grad weiter, indem nämlich nicht nur das Primat der organisierten Gruppe gegenüber den „Massen", sondern die generelle Überlegenheit des Apparats gegenüber den Fähigkeiten und Möglichkeiten des „Einzelnen", des Individuums, gepriesen wird. Die Partei – der organisierte Apparat – als säkularisierte, geistige und materielle Omnipotenz mit entsprechenden Funktionen über die menschliche Gesellschaft versehen, – diese Betrachtungsweise einer totalitären Institution lehrt das *Lob der Partei.*

Die Bilder die Brecht verwendete, um das Allmachtsprinzip der Partei gegenüber der Beschränktheit des Einzelnen zu veranschaulichen, sind prägnant und eindringend. Ihre Wirkung wird verstärkt durch die exakt bemessene, antithetische Fügung:

Der Einzelne hat zwei Augen
Die Partei hat tausend Augen.

Das Blickfeld des Individuums ist beschränkt. Der Partei dagegen entgeht nichts, sie sieht alles. Ihr eignen Ubiquität und Omnipräsenz:

Die Partei sieht sieben Staaten
Der Einzelne sieht eine Stadt.

Die Kontrollen des Apparats haben internationale Reichweite. Der Einzelne vermag nur die gesellschaftlichen Bewegungen in seinem Lebensbereich – „eine Stadt" – zu beobachten. Die Partei beobachtet „sieben Staaten" – ein bezeichnendes Bild für die universalen Kontrollfunktionen der zentral gesteuerten *Kommunistischen Internationale* (KOMINTERN). Die Partei ist allwissend:

Der Einzelne hat seine Stunde
Aber die Partei hat viele Stunden.

Wie sie räumlich unbegrenzt ist, so ist sie auch zeitlich unbegrenzt. Gegenüber den beschränkten Bedingungen, unter denen das Individuum lebt, arbeitet sie immerwährend. Letzlich ist sie unbezwingbar und unüberwindlich:

Der Einzelne kann vernichtet werden
Aber die Partei kann nicht vernichtet werden.

Ihr wird das Prädikat materialistischer Immortalität zugesprochen.

Begründet ist der totale und universale Machtanspruch der Partei durch ihre gesellschaftliche Vormachtstellung und ihre theoretische Basis:

Denn sie ist der Vortrupp der Massen
Und führt ihren Kampf
Mit den Methoden der Klassiker, welche geschöpft sind
Aus der Kenntnis der Wirklichkeit.

Die ursprüngliche Fassung dieser Stellen berücksichtigte die gesellschaftliche Inkorporation der Partei nicht und betonte umso mehr ihre ideologische Fundamentierung:

Denn sie beruht auf der Lehre der Klassiker,
Welche geschöpft ist aus der Kenntnis der Wirklichkeit
Und bestimmt ist, sie zu verändern, indem sie, die Lehre
Die Massen ergreift.

Aber mit dieser Formulierung, die die Allmacht der Partei mit der Repräsentanz der „Lehre der Klassiker“ begründet, stieß Brecht auf Widerspruch.

„Das ist eine idealistische Entstellung der marxistischen Auffassung von der Rolle der ‚Theorie‘, die zur materiellen Gewalt wird, sobald sie die Massen ergreift“, monierte Alfred Kurella. Die Ideen entstünden in einem „ständigen Wechselprozeß von Erkenntnis und Änderung“. Kurella hielt Brechts Auffassung für den „idealistischen Rest“ der Denkweise des „radikalen Kleinbürgers“. Und Brecht, mit einem wachen Ohr für Kritik, änderte den Text. Er propagierte in der zweiten Fassung nicht mehr die „Lehre der Klassiker“ als geistige Basis von Partei und Klassenkampf, sondern die als Kampfmittel modifizierbaren „Methoden der Klassiker“, über die die Partei verfügt.

Es war ihm gelungen, mit der neuen Fassung der Schlußzeilen die grundlegenden Ansichten Marx', Engels', Lenins und Stalins über die kommunistische Partei auf einen Nenner zu bringen. Nach Stalin muß die Partei der „Vortrupp der Arbeiterklasse“ sein:

Denn sie ist der Vortrupp der Massen

Nach Lenin kann die „Rolle des Vorkämpfers“ nur eine Partei erfüllen, „die von einer fortgeschrittenen Theorie geleitet wird“.

> Und führt ihren Kampf
> Mit den Methoden der Klassiker, ...

Nach Marx und Engels schließlich sind die „theoretischen Sätze der Kommunisten ... allgemeine Ausdrücke eines existierenden Klassenkampfes, einer unter unseren Augen vor sich gehenden geschichtlichen Bewegung“:

> ... welche geschöpft sind
> Aus der Kenntnis der Wirklichkeit.

Trotz der Auffassung des marxistischen Kritikers E. Schumacher, daß diese Definition „ebenfalls noch nicht marxistisch“ sei, da Brecht die Partei „nicht als die spezifische Organisationsform der Arbeiterklasse“ aufgefaßt habe, hat das Gedicht in dieser Fassung eine wohl schwerlich vorausgesehene Verbreitung gefunden.

Wer aber ist die Partei? In *Die Maßnahme* geht dem *Lob der Partei* eine Passage voran, die allgemein im Zusammenhang mit ihm unter dem Titel *Wer aber ist die Partei?* zitiert wird, allerdings nicht ihm voran, sondern nachgestellt. Im Inhalt dieser beiden Gedichte findet die dialektische Widersprüchlichkeit des Verhältnisses zwischen Individuum und Parteiapparat, zwischen Relativität und Absolutheit im totalitären System seinen Ausdruck. Wird im *Lob der Partei* die Partei als menschlicher Begrenzung enthobene, den Leistungen des Einzelnen überlegene Inkorporation der politischen Macht dargestellt, so wird in dem Spruch *Wer aber ist die Partei?* die Bedeutung des Einzelnen für die Existenz der Partei doziert.

Wie häufig, wenn es um grundsätzliche Aufklärung geht, leitete Brecht mit rhetorischen Fragen ein, die die Antwort vorbereiten sollen. Zur Erhöhung ihrer Wirkung und der Wirkung ihrer Antwort sind sie dem Sinn der Antwort entgegengesetzt:

> Wer aber ist die Partei?
> Sitzt sie in einem Haus mit Telefonen?
> Sind ihre Gedanken geheim, ihre Entschlüsse unbekannt?

Dem Rezipienten wird die Vorstellung eines mit modernen technischen Mitteln ausgestatteten, anonymen und geheimen Apparates suggeriert, gleichzeitig aber – mit dem Blick auf die Partei – in Frage gestellt. Zur unmittelbaren Vorbereitung auf die Antwort ist die grundsätzliche Frage wiederholt:

> Wer ist sie?

Und in einer, bis auf die gleiche Silbenzahl ähnlich konstruierten, lapidaren Wendung folgt die Antwort:

> Wir sind sie.

Die erläuternde Diärese verdeutlicht den Sinngehalt:

> Du und ich und ihr – wir alle.

Die Partei ist nicht als abstrakter Apparat, sondern als ein aus lebendigen Gliedern zusammengesetzter Organismus dargestellt:

> In deinem Anzug steckt sie, Genosse, und denkt in deinem Kopf.
> Wo ich wohne, ist ihr Haus, und wo du angegriffen wirst, da kämpft sie.

Was im *Lob der Partei* abstrahiert ist, erscheint hier konkretisiert. Um den verbindenden Geist, die gemeinsame Denkweise, durch die die Partei zu handeln vorgibt, zu demonstrieren, fordert eine der Bibelsprache entlehnte Wendung zu gemeinschaftlichem Handeln auf:

> Zeige uns den Weg, den wir gehen sollen, und wir
> Werden ihn gehen wie du.

Die Verpflichtung zur Gemeinschaft bindet aber gleichzeitig jede Bewegungsfreiheit des Individuums. Der Text fährt im Stil der Bibelethik fort:

> Gehe nicht ohne uns den richtigen Weg
> Ohne uns ist er
> Der falscheste.

Das freie, nur vor sich selbst verantwortliche Handeln ist parteischädigend. Brechts Darstellung des Verhältnisses zwischen dem einzelnen Genossen und der Gesamtheit der Partei geht zurück auf Lenin, der in Zusammenhang mit der Entwicklung des Parteistatus der KPdSU äußerte, daß jedes Parteimitglied für die Partei verantwortlich sei und die Partei für jedes Parteimitglied die Verantwortung trage.

Der Appell, sich der Organisation der Partei einzufügen, nach ihrer Disziplin zu denken und zu handeln, ist in den Schlußzeilen noch einmal deutlich formuliert:

> Sei bei uns weise!
> Trenne dich nicht von uns!

Mit der direkten Werbung für die Partei verbindet sich in diesem Gedicht die Antipropaganda gegen den von Lenin stark bekämpften „Fraktionalismus“: „In seinen Ausführungen über die Einheit und die Disziplinierheit der Partei vertrat Brecht den marxistischen Standpunkt in einer eindrucksvollen Weise“, lobte die marxistische Kritik.

Durch das *Lob der Partei,* verbunden mit *Wer aber ist die Partei?* propagierte Brecht den Typus und die Konzeption einer monolithischen Partei, wie sie die kommunistische Partei darstellt, zumal in ihrem perfekten Ausbau innerhalb einer sozialistischen Gesellschaft, die sie als entscheidender Machtträger dirigiert.

2. Die Nachtlager (1931)

Klaus Schuhmann[13]

Die Nachtlager

Ich höre, daß in New York
An der Ecke der 26. Straße und des Broadway
Während der Wintermonate jeden Abend ein Mann steht
Und den Obdachlosen, die sich ansammeln
Durch Bitten an Vorübergehende ein Nachtlager verschafft.

Die Welt wird dadurch nicht anders
Die Beziehungen zwischen den Menschen bessern sich nicht
Das Zeitalter der Ausbeutung wird dadurch nicht verkürzt
Aber einige Männer haben ein Nachtlager
Der Wind wird von ihnen eine Nacht lang abgehalten
Der ihnen zugedachte Schnee fällt auf die Straße.

Leg das Buch nicht nieder, der du das liesest, Mensch.

Einige Menschen haben ein Nachtlager
Der Wind wird von ihnen eine Nacht lang abgehalten
Der ihnen zugedachte Schnee fällt auf die Straße
Aber die Welt wird dadurch nicht anders
Die Beziehungen zwischen den Menschen bessern sich dadurch nicht
Das Zeitalter der Ausbeutung wird dadurch nicht verkürzt.

Die Epistel beginnt mit der bekannten traditorischen Eingangswendung: ein überliefertes Geschehen wird der Nachwelt und den Zeitgenossen berichtet. Auch die poetische Technik des Chronisten ist in der Eingangsstrophe unverkennbar. Sie kehrt bis in alle Einzelheiten wieder. In der Chronik *Kohlen für Mike* hieß es:

Ich habe gehört, daß in Ohio …

Nun eröffnet Brecht den Bericht, leicht verändert, mit den Worten:

Ich höre, daß in New York …

Die präsentische Verbform läßt vermuten, daß es sich diesmal um Vorgänge handelt, die sich gegenwärtig am Broadway ereignen und mit der Weltwirtschaftskrise in Verbindung zu bringen sind. Wie üblich entledigt sich der Chronist aller seiner Verpflichtungen: Ortsangaben, Zeitbestimmungen und Modalbestimmungen fixieren mit großer Genauigkeit die Begebenheit. Subjekt und Prädikat sind auch diesmal von einer Vielzahl adverbialer Bestimmungen eingeschlossen (steht ein Mann). Und dennoch geht es Brecht bei diesem Gedicht nicht primär um einen chronikalen Bericht. Die beiden Folgestrophen verdeutlichen, daß es dem Lyriker nicht um die Überlieferung einer Broadwayepisode zu tun ist, sondern um die politisch-theoretische Erörterung der Handlungsweise jenes Mannes, der jeden Abend durch Fürbitte den Obdachlosen ein Unterkommen verschafft. Dabei gelangt Brecht zu zwei grundverschiedenen Beurteilungen. Es scheint zunächst, als habe der Verfasser in den beiden Erörterungsstrophen nur die Reihenfolge der Verse vertauscht. Noch ist nicht erkennbar, daß in jeder Strophe ein anderes Urteil für die Handlungsweise des Bittstellers am Broadway gefunden wird. In der ersten Strophe hebt Brecht eingangs all das hervor, was die gute Tat des Mannes nicht erzwingen kann. Dabei verfährt der Lyriker schrittweise konkretisierend und gelangt Stufe für Stufe zum Kern der Problematik. Erst wird noch sehr allgemein von der Welt gesprochen, dann bereits viel präziser von den Beziehungen zwischen den Menschen. Dann erst heißt es unmißverständlich:

Das Zeitalter der Ausbeutung wird dadurch nicht verkürzt ...

Damit ist ein direkter Zusammenhang zwischen der sozialen Tat des einzelnen und der sozialen Ordnung eines ganzen Zeitalters hergestellt. Es ist offensichtlich, daß die Bemühungen jenes Mannes an der Ecke der 26. Straße mit der Absicht geschehen, die verheerenden Auswirkungen der Ausbeutergesellschaft zu mildern, ihre Gebrechen, wenn auch nur unzureichend, für eine Nacht vergessen zu machen. Der fürsorgliche Quartiermacher meint es zweifellos gut mit den Menschen, aber er vermag nur wenig auszurichten. So viel Nachtlager er auch besorgt, es werden immer wieder Obdachlose kommen, denen er Unterschlupf suchen muß. Seine Bemühungen können nicht mit dem Verelendungsprozeß im Kapitalismus Schritt halten. Der Menschenfreund wird eines Tages erkennen, daß alles umsonst war. Das Zeitalter der Ausbeutung wird durch seine Anstrengungen weder verkürzt noch beseitigt. Und dennoch: ein Teilerfolg ist ihm beschieden.

Aber einige Männer haben ein Nachtlager
Der Wind wird von ihnen eine Nacht lang abgehalten
Der ihnen zugedachte Schnee fällt auf die Straße.

Die adversative Konjunktion setzt den entscheidenden Sinnakzent. Das Zeitalter der Ausbeutung kann zwar nicht beseitigt werden, aber in einzelnen Fällen sozialer Not ist Hilfe möglich. Der dreimaligen Negation steht nun die dreimalige Beweisführung des Teilerfolges gegenüber. Mit dem einleitenden „aber" ist für die Anerkennung dieser Sozialpolitik plädiert worden. Die Handlungsweise des Mannes am Broadway wird gebilligt.

Den Mittelteil zwischen den beiden Eckstrophen bildet ein alleinstehender Vers. Die Sprechweise steigert sich in einen biblisch-ermahnenden Tonfall. Sie wird zum fordernden Imperativ.

> Leg das Buch nicht nieder, der du das liesest, Mensch.

Damit ist bereits die Umwertung der eben noch gebilligten Handlungsweise vollzogen. Das Geschehen wird von einem neuen Blickpunkt aus betrachtet. Das Erreichte kann nicht genügen. Das schon Vollbrachte ist zuwenig. Es gibt keinen Grund, zufrieden zu sein. Das bedeutungsschwere *„aber"*, mit dem der Teilerfolg hervorgestrichen wurde, hat seine gravierende Kraft verloren. Das Buch darf *nicht* zur Seite gelegt werden. Es ist nötig, mehr zu wissen und genauer zu studieren. Dann wird man im Buch der Klassiker finden, daß der Weg des amerikanischen Nachtlagervermittlers, der leidenden Menschheit zu helfen, falsch ist.

Man kann die Funktion dieser Zeile als dialektischen Drehpunkt der Epistel nur dann richtig verstehen, wenn man weiß, in welchem Maße Brecht das Lernen hochschätzte. Er meint nicht mehr das Abc des *Lesebuchs für Städtebewohner* (man wird mit euch fertig werden), sondern das Abc der Politik und der dialektischen Ökonomie. Mit einem Wort: die revolutionäre Theorie, die den Menschen leitet und bei seinen Taten beflügelt. Nicht umsonst wendet sich Brecht im *Lob des Lernens* gerade an die Menschen, die in soziale Not geraten sind.

> Suche die Schule auf, Obdachloser!
> Verschaffe dir Wissen, Frierender!
> Hungriger, greif nach dem Buch: es ist eine Waffe.
> Du mußt die Führung übernehmen.

Nun erst erschließt sich der Sinn der Aufforderung. Indem der Mensch liest, kämpft er. Das Wissen verändert ihn und befähigt ihn schließlich, die Bitte durch die soziale Forderung zu ersetzen. Der Mensch, selbst noch im Entwicklungsprozeß stehend, wird zum Weltveränderer, indem er den objektiven Entwicklungsgesetzen der Gesellschaft zum Durchbruch verhilft. Es ist evident, daß es sich bei der Gegenstrophe der *Nachtlager* nicht nur um eine formal zu erklärende Umstellung der Verse handelt. Die nun festgelegte Reihenfolge ist zugleich die Korrektur eines unannehmbaren Standpunkts. Das soziale Elend der Krisenjahre kann nicht durch karitative und philanthropische Bemühungen gemildert werden. Wenige Andeutungen Brechts verraten den neuen Standort des revolutionären Marxisten. Er spricht nicht mehr von einigen Männern, sondern von einigen *Menschen*. In der zweiten Versgruppe der Strophe ist der Zusammenhang zwischen gut gemeinter sozialer Hilfe und gleichbleibender sozialer Struktur der Gesellschaft durch das dreimal gesetzte „*dadurch*" noch verdeutlicht worden.

Aber die Welt wird *dadurch* nicht anders
Die Beziehungen zwischen den Menschen bessern sich *dadurch* nicht
Das Zeitalter der Ausbeutung wird *dadurch* nicht verkürzt.

Die adversative Konjunktion „*aber*" setzt schließlich die Einzeltat und die notwendige soziale Veränderung der Gesellschaft in ein Verhältnis zueinander, das den Realitäten des Klassenkampfes entspricht. Die dreifache Negation am Schluß der Epistel braucht den Leser nicht zu entmutigen. Der lernende und lesende Obdachlose und seine Leidensgefährten werden die Wahrheit finden und schließlich bereit sein, ihre Forderung nach Arbeit und Obdach mit dem sozialen Kampf der Arbeiterklasse zu identifizieren. Deshalb ist das dreimalige „nicht" als ein dialektisches Noch-nicht zu lesen.

Es ist nicht einfach, den Gedankenweg Brechts zu verfolgen. Brecht setzte bereits theoretisches Wissen voraus und adressierte die Epistel an einen Kreis von Sachkundigen.

Albert Spieler – Norbert Thamm[14]

Schon das erste Lesen zeigt dem Schüler den verschiedenen Charakter der einzelnen Strophen. Die erste Strophe berichtet den Vorgang, das Faktum. Die genaue örtliche und zeitliche Festlegung macht das Geschehen gegenwärtig. Das berichtende Ich schildert nicht aus eigener Wahrnehmung. Aber eben dieses „Ich höre, daß ..." gibt dem Bericht Distanz und Eindringlichkeit zugleich. Die folgenden sechs Zeilen geben in thesenartig aneinandergereihten Sätzen eine Deutung der caritativen Tat – durchaus im Sinne der bürgerlichen Moral. Man könnte ihnen ein „zwar" voraussetzen, was das Eingeständnis der begrenzten Wirkung dieser Tat noch deutlicher machte; zugleich verstärkt jedoch dieses „zwar" das „aber" der 4. Zeile der 2. Strophe. Mit den sechs Zeilen der 2. Strophe könnte das Gedicht zu Ende sein: der Beginn der 3. Strophe legt diese Möglichkeit durchaus nahe, die 1. und 2. Strophe als ein Ganzes zu betrachten, und es lohnt sich auch der Versuch, bei der Behandlung des Gedichtes zunächst nur die 1. und 2. Strophe darzubieten und zu besprechen, als bildeten sie das ganze Gedicht – die Umkehrung durch die 3. Strophe wird dann um so deutlicher. Tatsächlich würde ein Bert Brecht nie beim bloßen Bericht über eine caritative Tat stehenbleiben. Es muß die Herausforderung kommen, die „Verfremdung", die Umkehrung. Die erste Zeile der 3. Strophe ist ein Imperativ, ja ein beschwörender Anruf, der den folgenden Verszeilen ein ganz anderes Gewicht verleiht: der Leser ist noch nicht fertig, die Aussage ist noch nicht beendet, das bisher Gesagte ist unzulänglich – das Wesentliche, die entscheidende Aussage kommt erst, und sie gilt nicht nur dem zufälligen Leser – der Mensch ist angesprochen.

Nach so mächtigem, feierlichen Ansatz hat es für die Schüler meist etwas Verblüffendes, wenn sie feststellen, wie sich nun die Sätze wiederholen – Wort für Wort, nur mit kleinen, scheinbar unwichtigen Änderungen:

Vers 4–6 der 2. Strophe bilden Vers 2–4 der 3. Strophe,
Vers 1–3 der 2. Strophe bilden Vers 5–7 der 3. Strophe.

Aus „einige Männer" in Vers 4 der 2. Strophe sind „einige Menschen" geworden: Ausweitung ins Allgemein-Menschliche. Das „aber" ist in einen anderen Zusammenhang gestellt – die Akzente sind neu verteilt mit einer wahrhaft überraschenden Wirkung. Jetzt erst ist der in Strophe 1 berichtete Vorgang richtig gedeutet:

Zwar haben einige Menschen ein Nachtlager ... aber die Welt wird dadurch nicht anders ... das Zeitalter der Ausbeutung wird dadurch nicht verkürzt. Es kommt nicht auf das Wohl des einzelnen an, sondern auf das Wohl der Gesamtheit. Der ganze Brecht steckt in diesem Gedicht mit seiner einfachen und klaren Sprache, die er virtuos und wie spielerisch handhabt, und der Sozialkritiker und Moralist Brecht steht vor dem Schüler: die Welt muß anders werden, darauf allein kommt es an. Brechts Gedicht ist Klage und Anklage. Aber auch die Grenze Brechts wird hier deutlich: Er stellt am Beispiel fest, daß so die Welt nicht anders wird, aber er sagt nicht, auf welche Weise sie anders gemacht werden kann und wie diese andere Welt aussehen soll. Der Hinweis auf die kommunistische Welt trifft nicht. Brechts ganze dichterische Welt zeigt nirgends die kommunistische Welt, geschweige denn, daß er sie als eine bessere Welt zeigen würde. Und Brecht hat nie einen Kommunisten gestaltet als einen Menschen, der eine bessere Welt verkörpern oder auch nur als ein Hinweis auf eine bessere Welt gedeutet werden könnte. Brecht bleibt in der Kritik und im Anruf stecken. Aber auch der Anruf ist wert, gehört und aufgenommen zu werden.

IV. Die wirkliche Geschichte

1. Das Lied vom Wasserrad (1932/34)

Benno von Wiese[15]

Das Lied vom Wasserrad

1
Von den Großen dieser Erde
Melden uns die Heldenlieder:
Steigend auf so wie Gestirne
Gehn sie wie Gestirne nieder.
Das klingt tröstlich, und man muß es wissen.
Nur: für uns, die sie ernähren müssen
Ist das leider immer ziemlich gleich gewesen.
Aufstieg oder Fall: wer trägt die Spesen?
    Freilich dreht das Rad sich immer weiter
    Daß, was oben ist, nicht oben bleibt.
    Aber für das Wasser unten heißt das leider
    Nur: daß es das Rad halt ewig treibt.

2
Ach, wir hatten viele Herren
Hatten Tiger und Hyänen
Hatten Adler, hatten Schweine
Doch wir nährten den und jenen.
Ob sie besser waren oder schlimmer:
Ach, der Stiefel glich dem Stiefel immer
Und uns trat er. Ihr versteht, ich meine
Daß wir keine andern Herren brauchen, sondern keine!
    Freilich dreht das Rad sich immer weiter
    Daß, was oben ist, nicht oben bleibt.
    Aber für das Wasser unten heißt das leider
    Nur: daß es das Rad halt ewig treibt.

3
Und sie schlagen sich die Köpfe
Blutig, raufend um die Beute
Nennen andre gierige Tröpfe
Und sich selber gute Leute.
Unaufhörlich sehn wir sie einander grollen
Und bekämpfen. Einzig und alleinig
Wenn wir sie nicht mehr ernähren wollen
Sind sie sich auf einmal völlig einig.

Denn dann dreht das Rad sich nicht mehr weiter
Und das heitre Spiel, es unterbleibt
Wenn das Wasser endlich mit befreiter
Stärke seine eigne Sach betreibt.

Das lyrische Subjekt versteht sich in diesem Gedicht nicht als „Ich", sondern als „Wir". Es identifiziert sich mit den Erniedrigten und Versklavten, deren Aufgabe es nur ist, die Großen der Erde zu „ernähren". Es nimmt das aber nicht mit Passivität hin, sondern will mit seinem Gedicht der Fatalität des Sozialprozesses sich stellen und ihn radikal in sein Gegenteil verkehren.

Aber ob man nun dieses Engagieren des Autors mitvollzieht oder nicht, das Gedicht behält als solches seinen rein künstlerischen Reiz. Der Kontrast des idyllischen Bildes zur schneidenden Ironie der Heldenverehrung, das Lapidare und zugleich Lehrhafte in den Reflexionen, mit denen die Strophen zunächst einsetzen und denen zweimal die gewollt monoton wirkende Strophe vom Wasserrad symbolisch bildhafte Verdichtung gibt, am Ende schließlich die Umkehr der monotonen Bewegung in den absoluten Stillstand und die Selbstbefreiung des Wassers – das alles ist von höchster künstlerischer Meisterschaft. Hinter dem „Wir" des Gedichtes steht ein lyrisches Subjekt, dessen Dichtung zwar Instrument einer revolutionären Praxis sein will; aber ganz unabhängig davon bricht in diesen Versen etwas von den urtümlichen Zügen des Dichters wieder durch: des Dichters als des Vaganten, des Ausgestoßenen, des frei laufenden Abenteurers, des Bänkel- und Moritatensängers.

Klaus-Detlef Müller[16]

In die folgenden Jahre fallen die wichtigen Ereignisse und Begegnungen, die die Wendung Brechts zum Marxismus bringen und damit eine völlige Neuorientierung seines Geschichtsbewußtseins bewirken. Manches von dem Früheren wirkt aber nach, und so mag es berechtigt sein, an das Ende der Erörterungen über die Frühzeit Brechts ein Gedicht zu stellen, das den meisten Themen und Motiven des früheren Geschichtsverständnisses einen neuen Zusammenhang gibt: die ‚Ballade vom Wasserrad'[...]

Zum Refrain der dritten Strophe gibt es zwei entscheidende Varianten, die zeitlich nicht genau festzulegen sind; endgültig lautet er:

Denn dann dreht das Rad sich nicht mehr weiter
Und das heitre Spiel, es unterbleibt
Wenn das Wasser endlich mit befreiter
Stärke seine eigne Sach betreibt.*

Die ursprüngliche Fassung gehört in den Zusammenhang des Stückes ,Die Rundköpfe und die Spitzköpfe' und soll hier die Hoffnungslosigkeit der Nanna Callas ausdrücken, die Folge einer unentwickelten politischen Haltung ist [...]. Die zweite Fassung ist als objektive Aussage zu verstehen. Zu interpretieren ist zunächst die erste Fassung.

Die Geschichte hat zwei Ebenen, die klassenmäßig geschieden sind und auf denen sie in ganz verschiedener Weise erlebt wird: auf der einen ist sie Dynamik, Bewegung, Kampf, auf der anderen ist sie Dauer, Leid und Sinnlosigkeit. Die eine Ebene ist die der „Großen dieser Erde", die andere die des Volkes. Diese beiden Erkenntnissubjekte stehen in der Beziehung Herr und Knecht, von oben und unten. Für die herkömmliche Geschichtsschreibung sind nur die Großen wichtig: von ihnen berichten die Heldenlieder. Das Gedicht kehrt dagegen den Gesichtspunkt um, wählt die Perspektive des Volkes und bekommt so die Totalität des Geschichtsverlaufes in den Blick, indem es die Totalität der Geschichte machenden und Geschichte erleidenden Menschen erfaßt. Daraus ergibt sich eine Relativierung dessen, was gemeinhin als Geschichte verstanden wird, der Dynamik des Geschichtsverlaufs. Als das wesentliche stellt sich nun vielmehr die Beziehung von Herr und Knecht dar, die sich nach der hier gegebenen Deutung in allem Wechsel unverändert erhält und die damit Stillstand, ewig sinnlosen Kreislauf bedeutet. Mit dieser Differenzierung ist der Klassengegensatz als die Eigentlichkeit der Geschichte eingeführt.

Der Gesichtspunkt des Volkes ist in zweifacher Hinsicht der wichtigere: einmal ist er umfassender und kritischer, andererseits schafft das Volk die materiellen Lebensbedingungen für die Großen, es „trägt die Spesen" ihres Aufstiegs und Falls und macht damit erst das möglich, was in ihrer Sicht Geschichte ist. Für das Volk ist der historische Wechsel „*leider* immer *ziemlich gleich* gewesen", es spürt ihn kaum und muß sich von seiner tröstlichen Wirklichkeit erst durch die Heldenlieder unterrichten lassen.

Seine Erfahrung ist entschieden anders. Sie wird in den beiden folgenden Strophen dargestellt und stellt die Heldenlieder als Weise der Geschichtsschreibung ebenso in Frage wie das erhabene Bild vom Aufstieg und Nie-

* In der ursprünglichen Fassung wird der Refrain der ersten und zweiten Strophe unverändert wiederholt. (V. M.)

dergang der Gestirne. Unberührt von allem Wechsel ist das Verhältnis von Herr und Knecht: auf dieses Verhältnis kommt es an, nicht auf seine konkrete Gestalt. Die persönliche Haltung des einzelnen Herrn vermag nichts gegen die Struktur: das eigentliche Übel ist die Herrschaft als solche.

Auf diese Feststellung der Dauer folgt nun in der dritten Strophe die Darstellung des Wechsels: der Inhalt der Heldenlieder aus der Sicht des Volkes. Er ist ein ständiger Kampf um die Beute, Schmähung und gegenseitige Beeinträchtigung. Die Gemeinsamkeit stellt sich aber sofort wieder her, wenn es gilt, das Volk in seiner Knechtsrolle festzuhalten, die die notwendige Basis dieser Auseinandersetzungen ist.

In den drei Strophen kehrt jeweils das Motiv des Ernährens als Symbol für das Herr-Knecht-Verhältnis wieder, immer in einer anderen Zeitform: Präsens in der ersten, Präteritum in der zweiten, und – in einer konditionalen Konstruktion, verbunden mit dem modalen Hilfsverb wollen – Futur in der dritten Strophe. Damit sind alle Dimensionen der Zeit ausgedrückt. Präsens und Präteritum meinen jedoch das gleiche: sie umfassen Vergangenheit und Gegenwart und schließen sogar die Zukunft als Möglichkeit mit ein. Für die futurische Konstruktion gilt Ähnliches: das „wenn" ist ein „immer wenn". Damit fallen die drei Dimensionen der Zeit in der Zeitlosigkeit zusammen: der Zustand ist Dauer. Daraus erwächst die Hoffnungslosigkeit, die Brecht als Sinn der Ballade feststellte [...]. Sie äußert sich vor allem im Refrain mit dem Bilde des Wasserrades, das im ewigen Wechsel doch keine Veränderung einschließt. Die Konstruktion des „freilich-aber" zeigt die immer neue Hoffnung („das klingt tröstlich"), die aber immer Täuschung ist. Da diese Dauer die eigentliche Wahrheit ist, die sich immer wieder bestätigt (der Refrain kehrt immer wieder), wird das in den Strophen Gesagte durch den Refrain in die Resignation aufgehoben: als letzte Feststellung bleibt die Deutung, daß die Geschichte ein ewig sinnloser Kreislauf ist. Das Bild hat in diesem Zusammenhang ein eigenes Gewicht. In anderer Akzentuierung kehren damit aus der Frühzeit die Motive der Sinnlosigkeit und des Kreislaufs (einst der Natur, jetzt der Geschichte) zurück.

Später hat Brecht den Refrain der dritten Strophe geändert und damit dem Ganzen einen neuen Sinn gegeben. Ganz unmotiviert ist das nicht. In dem Gedicht lassen sich die Stufen einer Erkenntnis verfolgen, die folgerichtig auf eine radikale Veränderung hinzielt.

Die erste Strophe bringt mit der Frage: „Wer trägt die Spesen?" eine erste Bewußtwerdung der Struktur der Gesellschaft mit ihrer dialektischen Doppelheit der Abhängigkeiten: die Großen bestimmen einerseits das Leben des Volkes, das Volk schafft aber erst die Lebensbedingungen der

Großen: beides gehört untrennbar zusammen. Die zweite Strophe stellt fest, in welcher Richtung ein Ausweg aus der hoffnungslosen Lage des Volkes zu suchen ist: „ich meine / Daß wir *keine andern* Herren brauchen, sondern *keine.*“ In der dritten Strophe ist eine mögliche Aktion angedeutet: „... wenn wir sie nicht mehr ernähren wollen ...“. Diese stufenweise Reifung zur Befreiung wird im Refrain ursprünglich zur Hoffnungslosigkeit aufgehoben.

Der neue Refrain der dritten Strophe gibt eine ganz andere Perspektive. Mit dem ursprünglichen Sinn des Bildes ist auch die Sinnlosigkeit der Geschichte aufgehoben: Sinnlosigkeit und Sinn treten in Beziehung – der Sinn der Geschichte ist ein herzustellender Sinn. Damit ist der neue Standpunkt Brechts nach seiner Wendung zum Marxismus bezeichnet.**

Ulla C. Lerg-Kill[17]

Das „revolutionäre Glaubensbekenntnis“ Brechts nannte einer der unerbittlichsten Kritiker des Autors das *Lied vom Wasserrad.* Es ist ein Schlüsselwerk, in dem die gesellschaftliche Haltung Brechts und ihre Auswirkung auf seine politisch-literarische Konzeption umrissen ist. Das Gedicht veranschaulicht die politische Denkweise des Autors, seine politisch-publizistischen Wirkungsabsichten und die Wahl des literarischen Mittels, das er zur Realisierung seines politisch-publizistischen Ziels bestimmte.

Brecht schrieb es 1934, im zweiten Jahr seines Exils. Die Erstveröffentlichung unter dem Titel *Ballade vom Wasserrad* erschien in der Zeitschrift der linken deutschen Emigration *Unsere Zeit* (Paris) am 1. Mai 1934. Eine entscheidende Veränderung der Textfassung, die Variierung des Kehrreims nach der dritten Strophe, mit der die *Ballade vom Wasserrad* zum *Lied vom Wasserrad* wurde, nahm Brecht nach seiner Rückkehr nach Deutschland, möglicherweise zur Vorbereitung der Sammlung *Hundert Gedichte,* Berlin 1951, vor.

** Zweifellos ist das Geschichtsverständnis in keiner der beiden Fassungen authentisch marxistisch, obwohl die Ballade in einem Stück erscheint, das bereits nach den Lehrstücken entstand. Marxistisch ist die Darstellung des Klassengegensatzes als eigentliche Wirklichkeit der Geschichte; daraus folgt mit Notwendigkeit, daß die Geschichte erst vom Standpunkt des Volkes aus erkennbar ist und daß diese Erkenntnis zwangsläufig zur Revolution führt (2. Fassung). Die Darstellung aller vorhergehenden Geschichte als Sinnlosigkeit stimmt aber nicht zum marxistischen Geschichtsbild, in dem auch die ‚Vorgeschichte‘ ihren Raum und ihre Würde hat. [Anmerkung von K.-D. Müller]

Das Gedicht spiegelt in poetischer Form die Problematik des Klassengegensatzes, der Spaltung der menschlichen Gesellschaft in „Herrschende" und „Beherrschte", wie es sich nach der marxistisch-leninistischen Ideologie darstellt. Zwar sind auch die „Herrschenden" dem Wandel der Geschichte unterworfen, jedoch vollziehen sich ihr Aufstieg und ihr Untergang zu Lasten der „Beherrschten", der unteren Schichten der Gesellschaft, die ihrerseits von der Geschichtsbetrachtung ausgeschlossen sind.

Im Bild vom Wasserrad – jeweils den drei Strophen des Gedichts im Kehrreim angefügt – ist die Klassenteilung mit ihren gesellschaftlichen Konsequenzen veranschaulicht. Das Bild hat, der antithetischen Aussage der einzelnen Strophen nachgestellt, deutlich vergleichenden Charakter. Tertium comparationis ist das analoge Funktionsverhältnis, in dem Wasserrad und Wasser, Herrschende und Beherrschte zueinander stehen. Der Ausnutzung der Energie des Wassers zur ständigen Drehung des Rades entspricht – in marxistischer Sichtweise – die Ausnutzung der Arbeitskraft der Angehörigen einer weniger begünstigten Gesellschaftsschicht, der „Unteren", durch die „Großen dieser Erde". Die „Ausbeutung" gleicht der „Ausbeutung": „Aber das hindert nicht, daß diese Einteilung in Klassen nicht durch Gewalt und Raub, List und Betrug durchgesetzt worden, und daß die herrschende Klasse, einmal im Sattel, nie verfehlt hat, ihre Herrschaft auf Kosten der arbeitenden Klasse zu befestigen und die gesellschaftliche Leitung umzuwandeln in (gesteigerte) Ausbeutung der Massen." [Friedrich Engels]

Das Bild vom Wasserrad veranschaulicht eine zentrale Vorstellung der marxistischen Gesellschaftslehre, gibt jedoch, in seiner ursprünglichen Fassung, noch nicht den Ausblick auf eine revolutionäre Lösung. Sein didaktischer Zweck ist darauf eingeschränkt, dem Rezipienten den Zustand der vorrevolutionären Gesellschaft begreiflich zu machen. Gemessen an dem sozialistischen Revolutions- und Fortschrittsglauben gibt sich der Kommentar, mit dem das Bild dargeboten wird, resignativ:

> Freilich dreht das Rad sich immer weiter
> Daß, was oben ist, nicht oben bleibt.
> Aber für das Wasser unten heißt das leider
> Nur: daß es das Rad halt ewig treibt.

Aber die Betrachtung der Gesellschaft vom Standpunkt der Klassenteilung aus, die Identifikation mit den „Unteren", von der aus die gesellschaftliche Perspektive in diesem Gedicht entwickelt ist, kennzeichnet die marxistische Einstellung zum Zustand der vorrevolutionären Gesellschaft. Darüber hinaus ist, wiederum ganz im Sinne der marxistischen Ideologie, die traditionelle Geschichtsbetrachtung kritisch in Frage gestellt:

Von den Großen dieser Erde
Melden uns die Heldenlieder:
Steigend auf so wie Gestirne
Gehn sie wie Gestirne nieder.

...
Nur: für uns, die sie ernähren müssen
Ist das leider immer ziemlich gleich gewesen.

Die Kritik der vorrevolutionären Gesellschaft ist in dem vorliegenden Gedicht die Kritik an ihren Exponenten. Die Weise, in der sie entwickelt wird, verrät den zielstrebigen Didakten Brecht. Der traditorische Eingang, die Berufung auf „Heldenlieder" – volkstümlich geschichtliche Überlieferung – stellt dem Rezipienten diesen Personenkreis zunächst noch als „Große dieser Erde" vor. Nachdem jedoch die entscheidende Frage gestellt ist:

Aufstieg oder Fall: wer trägt die Spesen?

bringt die zweite Strophe die kritische Enthüllung. Die „Großen", nunmehr deutlich in ihrer gesellschaftlichen Position als „Herren" bezeichnet, sind in einer viergliedrigen Diärese durch Tiermetaphern in ihrem Verhältnis zur menschlichen Gesellschaft charakterisiert. Die Gegensatzpaare „Tiger-Hyänen", „Adler-Schweine" geben zwar einer unterschiedlichen Beurteilung Raum – wie auch konzediert wird „ob sie besser waren oder schlimmer" – kennzeichnen jedoch im Ganzen das als unmenschlich beurteilte Verhalten der „Herrschenden" gegenüber den „Beherrschten". Die dritte Strophe schildert ihr Verhalten untereinander. Das ausdruckskräftige Bild eines blutigen Händels:

Und sie schlagen sich die Köpfe
Blutig, raufend um die Beute

illustriert die Anschauung von den „kapitalistischen Ausbeutern", zu deren Existenzbedingungen die kriegerische Auseinandersetzung gehört.

Mit der Kritik an den Exponenten der vorrevolutionären Gesellschaft, der Beschreibung ihres Verhaltens und ihrer Handlungsweise ist die politische Aussage des Werkes aber keineswegs erschöpft. Die Deskription der „Herrschenden" und ihrer Taten, die Desillusionierung ihrer „Größe" durch das Aufzeigen eines egoistischen Interesses ist verbunden mit der didaktischen Aufklärung der „Beherrschten" über ihre gesellschaftliche Situation; eine Aufklärung, die deutlich auf die Entwicklung des politischen Bewußtseins des Rezipienten zielt. Gerade aus dieser Verbindung setzt sich der politische Zündstoff zusammen, den selbst die *Ballade vom*

Wasserrad enthält, wenn auch der resignative Schluß des Kehrreims seine Wirkung noch weitgehend bindet.

Die Aufklärung der „Beherrschten", mit denen der Autor sich und sein Publikum identifiziert:

> für uns, die sie ernähren müssen

vollzieht sich als kommentierende Selbstaussage zu der, im jeweils ersten Teil der Strophe enthaltenen, Darlegung über die „Herrschenden". Mit der zitierten Wendung wird dem Leser die Beziehung, in der er zu den „Großen dieser Erde" steht, suggeriert. Der Hinweis auf das gesellschaftliche Abhängigkeitsverhältnis entmythologisiert die Größe der „Großen". Ihnen verhilft nicht ein unbestimmbares Schicksal zu ihrem Aufstieg, sondern die Arbeit derer, die sie beherrschen. Selbst ihr „Fall" muß von ihnen beglichen werden. Die rhetorische Frage:

> Aufstieg oder Fall: wer trägt die Spesen?

faßt diesen gedanklichen Vorgang in einer Weise zusammen, die den Leser zum Denken anregt und zur Stellungnahme zwingt. Das Bewußtmachen der eigenen Lage, der durch unpathetisches Aufzeigen der Wirklichkeit suggerierte Affekt gegen die „Großen" dient dem politisch-publizistischen Ziel, von der Notwendigkeit der gesellschaftlichen Umwälzung zu überzeugen und die revolutionäre Lösung als einzigen Ausweg vorzuschlagen.

Folgerichtig ist in der zweiten Strophe die gedankliche Entwicklung auf das angestrebte Ziel hingeführt:

> Ihr versteht, ich meine
> Daß wir keine andern Herren brauchen, sondern keine!

Mit dieser Deklaration wird keineswegs eine nicht ideologisch definierte, demokratische Gesellschaftsform propagiert. Brecht, der für sein politisches Engagement ins Exil gegangen war, vertrat hier, marxistisch-leninistischer Auffassung gemäß, die Vorstellung von der „Diktatur des Proletariats", die „auf eine neue Art demokratisch für die Proletarier und überhaupt für die Besitzlosen" zu sein verspricht. Es fällt auf, daß der Autor gerade an dieser Stelle die Identifikation mit dem Rezipienten unterbricht und sich ihm als Belehrender gegenüberstellt.

In der dritten Strophe ist schließlich die Möglichkeit aufgezeigt, durch die sich eine Veränderung der Gesellschaftsstruktur bewerkstelligen läßt. Die Realisierung des revolutionären Ziels ist als abhängig dargestellt von dem gemeinsamen Willen, von der „Solidarität" der Angehörigen der „ausgebeuteten" Klasse. Hier erhält die neuere Fassung des Kehrreims der letzten Strophe ihre besondere Bedeutung:

Denn dann dreht das Rad sich nicht mehr weiter
Und das heitre Spiel, es unterbleibt
Wenn das Wasser endlich mit befreiter
Stärke seine eigne Sach betreibt.

Gegen diese Änderung, die die Umbenennung der *Ballade vom Wasserrad* in *Lied vom Wasserrad* begleitete, wendete A. Schöne ein: „Jetzt ist die revolutionäre Lösung gerettet. Aber die in der ersten Strophe aufgerufene Kraft, mit der das Rad der Fortuna sich (gleichsam ex definitione) unaufhörlich weiterdreht, ist stärker als die ideologische Korrektur und das Sinngefüge der Ballade zerbricht." Bei der Betrachtung der *Ballade vom Wasserrad* als poetische Aussage ist diese Kritik gerechtfertigt. Ihre Betrachtung als politisch-publizistische Aussage mit beeinflussender Zielsetzung erfordert allerdings eine andere Beurteilung. Freilich hat das Bild vom Wasserrad eine Beeinträchtigung erfahren, da es an Bildlogik eingebüßt hat. Andererseits wird die ‚Ballade' durch diese „ideologische Korrektur" zu einem, für den politischen Gebrauch bestimmten ‚Lied', dessen Substanz nunmehr hauptsächlich nach seiner Wirkungsmöglichkeit auf das Bewußtsein des Rezipienten zu beurteilen ist.

Unter diesem Aspekt stellt sich heraus, daß der neue Kehrreim das Gedicht für den politisch-publizistischen Zweck erst einwandfrei gebrauchsfähig macht. Dem „ewigen" Treiben des Rades ist das Odium des Unaufhörlichen, Unabänderlichen genommen. Die Auffassung vom ewig gleichbleibenden Lauf der Dinge ist widerlegt durch die Möglichkeit des Eingriffs in die gesellschaftliche Realität. Sämtliche politischen Bestandteile des Gedichts, vorher durch das resignierende „leider nur" des Kehrreims eingedämmt, werden durch die aufgezeigte revolutionäre Finalität belebt und wirkkräftig. Die *Ballade vom Wasserrad,* in dem Stück *Die Rundköpfe und die Spitzköpfe* der Kellnerin Nanna Callas, einem „Typus" von „unterentwickelter politischer Haltung" mit „hoffnungsloser Einstellung" in den Mund gelegt, ist durch die Umarbeitung zu einem Stück politischer Gebrauchsliteratur geworden, das das marxistische Dogma von der Veränderbarkeit der vorrevolutionären Gesellschaft verkündet.

An der *Ballade vom Wasserrad* und am *Lied vom Wasserrad* läßt sich in Umrissen das gesamte politisch-publizistische Programm der hier untersuchten politischen Dichtung kleiner Form Brechts ablesen. In vier Punkten kann es zusammengefaßt werden: 1. Kritik der vorrevolutionären Gesellschaft basierend auf dem marxistischen Grundsatz von der Spaltung der menschlichen Gesellschaft in ungleich begünstigte Klassen, in „Herrschende" und „Beherrschte". 2. Erweckung und Förderung des Solidaritätsgedankens bei den „Beherrschten" als Vorausbedingung im Kampf um die Verwirklichung des revolutionären Ziels, der Umstrukturierung der Gesellschaft. 3. Aufklärung der gesellschaftlich Benachteiligten über ihre Position und Stärkung ihres Klassenbewußtseins als Voraussetzung zur Überwindung ihrer Passivität. 4. Werbung für das revolutionäre Ziel zur Überwindung aller Klassengegensätze.

[...]

Über den Zusammenhang mit den aktuellen politischen Gegebenheiten zur Zeit der Entstehung des Werks hinaus erscheint die *Ballade vom Wasserrad* beziehungsweise das *Lied vom Wasserrad* durch den Verzicht auf die Polemik gegen bestimmte Personen und Umstände, durch die Einkleidung eines politischen Gehalts in allgemeine, in dieser bestimmten und jeder ähnlichen Situation gleichermaßen verständliche Bilder und Vorstellungen als allgemein gültige Aussage über den veränderungsbedürftigen Zustand der vorrevolutionären Gesellschaft, wie er sich nach marxistischer Anschauung darstellt. In jedem der nachfolgend untersuchten Gedichte lassen sich eine oder gar mehrere der aufgeführten publizistischen Absichten wiederfinden. Allein die Vollständigkeit des „Credos", in dessen Sinn Brecht seine Rezipienten beeinflussen wollte, gibt nur die *Ballade vom Wasserrad* und – ideologisch korrigiert – das *Lied vom Wasserrad* wieder.

Edgar Neis[18]

Bertolt Brechts „Ballade vom Wasserrad" ist ein metaphorisches Gedicht. Es spricht vom Schicksal der Großen, der Machthaber dieser Erde, die – wie tröstlich, es zu wissen! – heute „oben" stehen und morgen von ihrer Höhe herabstürzen. Aufstieg und Fall der Großen werden durch das ständig sich drehende Wasserrad symbolisiert. Das Wasser aber, welches als treibende anonyme Kraft das Rad in Bewegung hält, ist das Volk, das in jedem Fall, gleich welchen Herren es nach oben trägt, „die Spesen" bezahlen muß. Es nährt den und jenen, bessere und schlimmere Herren – doch „der Stiefel glich dem Stiefel immer / und uns trat er." Der Trost, daß das, „was oben ist, nicht oben bleibt", ist für das Volk freilich nur ein geringer Trost: es kann nur zu sich selbst kommen, sich selbst befreien, wenn es das „heitre Spiel" unterbricht und „mit befreiter Stärke seine eigene Sach' betreibt."

Der Dichter steht auf der Seite des Volkes und wehrt sich dagegen, daß dieses immer nur eine dienende Rolle einnimmt. Seiner Meinung nach braucht es überhaupt keine Herren, welcher Richtung oder Partei sie auch angehören mögen. Wie er sich allerdings diese Herrenlosigkeit und damit die Selbstregierung des Volkes in praxi vorstellt, darüber sagt Brecht nichts.

Das aus drei Strophen bestehende Gedicht Brechts, deren jede von einer vierzeiligen Refrain-Strophe abgeschlossen wird, ist antithetisch aufgebaut. Brechts Dialektik bestimmt als formale Methode die Gedankenführung des Gedichtes, indem sie dessen drei Strophen dem Dreischritt These - Antithese – Synthese entsprechen läßt. Der Gedakengang „Die Großen dieser Erde“ (These: 1. Strophe) – „Keine Herren“ (Antithese: 2. Strophe) – „Selbstbefreiung des Volkes“ (Synthese: 3. Strophe) bestätigt Brechts geschichtsphilosophische Auffassung.

Typisch für Brecht sind ferner die balladenhafte Anlage des Gedichtes (daher der Titel!), der einfache, prosaische Redeton (vergl. zum Beispiel die 5. Zeile der 1. Strophe: „Das klingt tröstlich, und man muß es wissen.“), die volkstümliche, zum Teil auch drastische Ausdrucksweise (zum Beispiel „Wer trägt die Spesen?“ – „Ihr versteht, ich meine ...“ – „hatten Adler, hatten Schweine“ – „Und sie schlagen sich die Köpfe blutig“), die schlichten, eindringlichen Reime, die starke Rhythmisierung, die dem Gedicht in Verbindung mit dem monoton und lautmalerisch das Drehen des Wasserrades wiedergebenden Refrain, dessen dritte Version den Stillstand der Bewegung veranschaulicht, zu einer starken aggressiven Wirkung verhilft. Das Motiv des „Wassers in Bewegung“ belehrt uns darüber, „daß es geraten ist, das Unstete und Wandelbare der Dinge nicht aus dem Auge zu verlieren und es mit dem zu halten, was unscheinbar und nüchtern, aber auch unversieglich ist wie das Wasser.“ Brecht hat dieses Motiv des „Wassers in Bewegung“, dessen ständig wirkende Kraft selbst „den mächtigen Stein besiegt“ und „das Harte unterliegen läßt“ wiederholt in seinen Dichtungen verwandt. So etwa auch in der „Legende von der Entstehung des Buches Taoteking auf dem Wege des Laotse in die Emigration“ (Interpretation in: Edgar Neis, Wir interpretieren Balladen, C. Bange Verlag, Hollfeld/Obfr.), wo es ganz im Sinne der Wasserrad-Ballade heißt:

> Doch der Mann, in einer heitren Regung
> Fragte noch: „Hat er was rausgekriegt?“
> Sprach der Knabe: „Daß das weiche Wasser in Bewegung
> Mit der Zeit den mächtigen Stein besiegt.
> Du verstehst, das Harte unterliegt.“

Erinnert sei noch in diesem Zusammenhang an einen Ausspruch Hermann Hesses, dem allerdings nicht der Brecht eigene sozialkritische Unterton marxistischer Dialektik zu Grunde liegt:

Weich ist stärker als Hart,
Wasser stärker als Fels,
Liebe stärker als Gewalt.

2. Fragen eines lesenden Arbeiters (1936)

Clemens Heselhaus[19]

Die Abwendung von der Grotesk-Dichtung ist mit der Wandlung vom Balladendichter zum marxistischen Parteidichter erfolgt. Nach der „Hauspostille" und der „Dreigroschenoper" hat Brecht diese Wandlung vollzogen. Der Zug zur Lehrhaftigkeit gewann die Oberhand über die Groteske und Parodie. Wenn man das Wort nicht gleich parteipolitisch verwenden will, darf man auch die marxistische Wandlung als eine Maske des Lyrikers Brecht ansehen. Das Maskenspiel führte zum Rollengedicht. Und was sind die marxistischen Gedichte anderes als die Rolle, die ihm die Zeit, die Umstände und sein Entschluß aufdrängten. Das Groteske fehlt jedoch auch in dieser Zeit nicht völlig.

Fragen eines lesenden Arbeiters

Wer baute das siebentorige Theben?
In den Büchern stehen die Namen von Königen.
Haben die Könige die Felsbrocken herbeigeschleppt?
Und das mehrmals zerstörte Babylon –
Wer baute es so viele Male auf? In welchen Häusern
Des goldstrahlenden Lima wohnten die Bauleute?
Wohin gingen an dem Abend, wo die chinesische Mauer fertig war
Die Maurer? Das große Rom
Ist voll von Triumphbögen. Wer errichtete sie? Über wen
Triumphieren die Cäsaren? Hatte das vielbesungene Byzanz
Nur Paläste für seine Bewohner? Selbst in dem sagenhaften Atlantis
Brüllten in der Nacht, wo das Meer es verschlang,
Die Ersaufenden nach ihren Sklaven.

Der junge Alexander eroberte Indien.
Er allein?
Cäsar schlug die Gallier.

Hatte er nicht wenigstens einen Koch bei sich?
Philipp von Spanien weinte, als seine Flotte
Untergegangen war. Weinte sonst niemand?
Friedrich der Zweite siegte im Siebenjährigen Krieg. Wer
Siegte außer ihm?

Jede Seite ein Sieg.
Wer kochte den Siegesschmaus?
Alle zehn Jahre ein großer Mann.
Wer bezahlte die Spesen?

So viele Berichte.
So viele Fragen.

So ernsthaft und berechtigt die einem Arbeiter suggerierte Frage nach den menschlichen Opfern der Siege und großen Leistungen der Weltgeschichte ist, so grotesk ist die Erinnerung an den Koch Cäsars, an die Köche der Siegesschmäuse, an die Spesen-Zahler. Freilich darf man nicht verschweigen, daß die Brechtsche Redeweise in der Maske eines lesenden Arbeiters das Groteske als solches in seiner Wirkung abfangen soll. Aber die Konfrontierung der Berühmten mit den Anonymen beruht doch auf der gleichen Grotesk-Technik, Heterogenes zusammenzustellen, die Brecht von früh auf vertraut war. Von daher muß man den vereinfachten Stil der Zeilenkomposition, den Brecht selbst als den „Tonfall der direkten momentanen Rede“ bezeichnet hat, als eine Mäßigung und Bändigung des grotesken Stils verstehen. Dieses direkte natürliche Sprechen hat jene besondere Kraft der dialektischen Überzeugung, die der spätere Brecht auch in Anlehnung an alte Muster geübt hat. Die groteske Parodie der hohen Lyrik führte schließlich also nicht nur zur Ausprägung einer politisch-aktiven „angewandten Lyrik“, sondern auch zu einer neuen Lyrik mittlerer Sprechlage, wie sie seine späten Epigramme bestimmt. Vielleicht darf man in Anbetracht der „Fragen eines lesenden Arbeiters“ von einer verfeinerten Groteske mit ironischem Charakter sprechen. Das gleiche würde auch für die „Legende von der Entstehung des Buches Taoteking auf dem Wege des Laotse in die Emigration“ gelten. Es ist schon eine weltüberlegene Ironie, ausgerechnet einem Zöllner und Schreiberknaben die Anregung zur Niederschrift der chinesischen Weisheitssprüche zuzuschreiben. Wie ironisch die Wendung: „Denn man muß dem Weisen seine Weisheit erst entreißen“! Aber solche Ironie korrespondiert durchaus mit der Lehre des weise gewordenen Brecht von der „Freundlichkeit“, die das Große in der Welt schafft.

Günter Dietz[20]

Zu den ‚Fragen eines lesenden Arbeiters' stellte ein Schüler zunächst fest, daß es entgegen der frühen Lyrik Brechts eine ganz prosaische Form habe: „Ist ein Gedicht, das nur Fragen enthält, überhaupt noch ein Gedicht?" Das bot Gelegenheit, auf die Form einzugehen und festzuhalten, daß das Gedicht auch berichtende Aussagesätze, Behauptungen, enthält. Das Grundschema der Form wurde deutlich: Auf einen Behauptungssatz folgt jeweils ein Fragesatz. Im längeren ersten Gedichtteil ist dieses Prinzip aus Gründen der *variatio* durchbrochen: Ein proleptisch vorausgestellter Akkusativ" („das mehrmals zerstörte Babylon") enthält die Behauptung, anschließend ein attributives Partizip („des goldstrahlenden Lima"), dann ein Relativsatz („wo die chinesische Mauer fertig war"). Besonders kühn ist es, wenn die Behauptung am Schluß des ersten Teils aus der Frage selbst („Über wen triumphierten die Cäsaren?", „Hatte Byzanz nur Paläste?") oder – dies einmalig im Gedicht – aus einem Aussagesatz zu erschließen ist, der sich als Antwort gibt (Die Ersaufenden brüllten nach ihren Sklaven). Ein anderes Mittel der *variatio* ist im ersten Teil auch das Enjambement, das dem normalen Sprechton des Gedichts schärfere rhythmische Akzente gibt, während das Gedicht sonst, nach Brechts eigener Empfindung, mit seiner Zeilenkomposition keinen Reichtum, sondern „Mangel im Ausdruck und Rhythmus" zeigt, da es in der Sprechweise eines Arbeiters geschrieben ist, in der „Sklavensprache".

Der formale Wechsel zwischen Behauptungs- und Fragesatz ist in den beiden Schlußzeilen, auf die die übrigen Gedichtzeilen im Verhältnis 12 (ohne Eingangsfrage):8:4:2 hinkomponiert sind, deutlich hervorgehoben („So viele Berichte. So viele Fragen"). Bei der Suche nach der Beantwortung der ‚Fragen' ergab sich, daß in den Fragen selbst eine Antwort liegt(am klarsten in der rhetorischen Frage „Hatte er nicht wenigstens einen Koch bei sich?"). Sammeln wir die einzelnen Antworten, wird der Sinn des In-Frage-Stellens sichtbar: Der einfache Arbeiter denkt und fühlt mit den Leuten, die seiner Gesellschaftsschicht nahe stehen, mit den Sklaven, den Maurern, den Bauleuten, den Köchen. Er zweifelt an der Größe der „großen Männer", indem er deren Taten mit dem Los der „geringen Leute" vergleicht. Die gepriesene Größe erreichten jene, weil es Menschen gab, die sie durch ihre Dienstleistungen ermöglichten. Trotz der Taten dieser großen Männer hat sich das Los der einfachen Leute im Lauf der Geschichte nicht gebessert. Der anonym gebliebene „gemeine Mann" hatte von Anfang an die harte Arbeit zu leisten, ohne daß ihm dadurch ein menschenwürdigeres Dasein, ein glänzenderes Leben oder auch nur die gebührende Anerkennung vor der Geschichte zuteil wurde: „Aufstieg oder Fall: Wer trägt die Spesen?“, heißt es ähnlich in der ebenfalls dialektisch aufgebauten ‚Ballade vom Wasserrad‘. So wird aus der Perspektive der anonymen großen Leidtragenden der Geschichte der Begriff geschichtlicher Größe korrigiert, der landläufige Begriff der Größe umgewertet. Als gedankliche Einheit (Synthese) des Widerspruchs von These (Bericht) und Antithese (Frage) erschließt sich der Gedanke: Nur das ist wahrhaft groß, was für den einfachen Mann im Lauf der Geschichte an human-sozialem Fortschritt errungen wird. Diese neue Sicht menschlicher Größe, bei der „statt der Geschichte der Herrschenden die Geschichte der Beherrschten ins Auge gefaßt“ wird, ist nur unter einem streng sozialkritischen Aspekt möglich geworden, der das dialektische Denken des Arbeiters erst in die Bewegung des Fragens bringt.

In den Fragesätzen des Arbeiters, deren provozierende Kraft durch die „Grotesk-Technik, Heterogenes zusammenzustellen“ – z. B. Cäsar mit seinem Koch – noch gesteigert ist, liegt imperativischer Sinn, die Aufforderung, durch Taten das Mißverhältnis zwischen Leben und Stellung der Mächtigen und der Beherrschten zu verbessern. Diese ins Ethische und Soziale zielende Folgerung bleibt dem Leser überlassen, während sie Brecht in der ‚Ballade vom Wasserrad‘ in einer „dialektischen Kehre“ noch direkt aussprach (um 1932/33). Um unser dialektisches Mitdenken und unsere Teilnahme am Entwurf von Lösungen zu erreichen, führt uns Brecht den Arbeiter nur als einen kritischen Frager vor.

Klaus-Detlef Müller[21]

Schon bei der Interpretation der ‚Ballade vom Wasserrad‘ [...] ließ sich zeigen, daß allein der Standpunkt des Volkes es möglich macht, die Totalität des Geschichtsverlaufes in den Griff zu bekommen, so daß sich die wahre Erkenntnis der Geschichte aus der Kritik der herkömmlichen Geschichtsschreibung (der ‚Heldenlieder‘) ergibt. Zugleich zeigte sich hier, daß der Sinn der Geschichte nicht gegeben – daher auch nicht zu erkennen –, sondern herzustellen ist.

Die gültigste Gestaltung hat dieser Gedankengang in dem Gedicht ‚Fragen eines lesenden Arbeiters‘ erhalten:

[...]

Ähnlich wie in der ‚Ballade vom Wasserrad‘ wird hier die Perspektive der Geschichtsbetrachtung umgekehrt: das Interesse gilt nicht mehr den Herrschenden und Mächtigen, sondern ausschließlich dem Volk. Diese ungewohnte Perspektive ist durch die Einführung eines Arbeiters als lyrisch-episches Ich im Titel fixiert. Den Arbeiter interessieren an der Geschichte primär die Lebensbedingungen von seinesgleichen, die den Maßstab für die Wertung des Historischen abgeben. Auskunft darüber sucht er in den „Büchern", also bei der Geschichtsschreibung. Die ersten drei Zeilen bezeichnen das Denkschema und seinen Rhythmus; das Gedicht beginnt mit einer Frage von der Art, wie sie im Geschichtsunterricht gestellt werden: es geht scheinbar um abfragbares Wissen über Geschichte. Die Antwort fällt jedoch anders aus, als zu erwarten war: es wird kein Name genannt, sondern ein Begriff: „Könige". Zugleich mit dem Begriff nennt der Antwortende seine Gewährsleute, die „Bücher". Das deutet an, daß diese Antwort für den Sprechenden kein Wissen ist, sondern ein Problem. Daraus ergibt sich die Notwendigkeit einer weiteren Frage, die hinter das vermeintliche Wissen zurückgreift; sie bleibt zunächst unbeantwortet. Dieser Denkschritt von Wissensfrage, Scheinantwort und erneuter Frage, die das Problem bezeichnet, bestimmt die Struktur des Gedichtes. Neben die „Großen" der Geschichte treten damit ihre Untertanen, und der Glanz der Größe wird problematisch durch die Lebensbedingungen der Bauleute, Maurer und Sklaven. Aus der Perspektive des Arbeiters wird das Heldenschema der Geschichtsschreibung fragwürdig, denn seine Perspektive macht in einem Vorgang der Verfremdung die Zweiteilung der Menschen in Bevorzugte und Benachteiligte als Wesen der bisherigen Geschichte und Denkschema ihrer Darstellung deutlich.

Dabei ist zu beachten, daß die Kritik durch die Form der Frage objektiviert ist: sie wird nicht ausgesprochen, sondern im Leser provoziert. Der zweite Abschnitt behandelt Kriege und Schlachten und nennt im Unterschied zum ersten die Namen historischer Helden. Seine parallel gebauten Fügungen folgen dem Schema des Gedichts in einer Variation: sie nennen das historische Ereignis in seiner gewöhnlichen Darstellung und verfremden es durch eine hinzugefügte Frage zum Problem. Die mit dem Namen bezeichnete historische Tat erscheint als kollektive Leistung, wobei an das Kollektive unausgesprochen die Sinnfrage geknüpft ist. Die Aussagen der Geschichtsschreibung erweisen sich als unvollständig und problematisch. So ergibt sich, daß das, was dem „Helden" als Leistung zugeschrieben wird, nur möglich ist, weil ihm die Masse als selbstverständliches Werkzeug zur Verfügung steht und ihn zugleich davon entbindet, seine Kräfte auf den elementaren Lebensvollzug zu konzentrieren (Caesar und sein Koch). Zugleich wird aber auch deutlich, daß es eine Frage der Perspektive ist, wenn das Geschilderte als Leistung erscheint und daß mithin die Geschichtsschreibung uneingestandene Voraussetzungen enthält. Der dritte Abschnitt formuliert das eigentliche Thema des Gedichtes: Sieg und Größe, die Brecht als Kategorien bürgerlicher Geschichtsschreibung behauptet, müssen als ambivalent angesehen werden: ihre Kehrseite sind die „Spesen", die schon die ‚Ballade vom Wasserrad' als Korrelation der heroischen Geschichte bezeichnet hat. Geschichtsschreibung ist erst dann sinnvoll, wenn sie die doppelte Perspektive von oben und unten zum Prinzip ihrer Darstellung macht. Damit ist natürlich nichts anderes gemeint, als daß nur die marxistische Interpretation der Geschichte als einer Geschichte von Klassenkämpfen zur historischen Wahrheit vordringt, indem sie zugleich ein Programm des gesellschaftlichen Verhaltens entwirft. Die bürgerliche Geschichtsschreibung hingegen läßt alles offen: „So viele Berichte. So viele Fragen."

Hiermit ist allerdings noch nicht alles gesagt, denn in dialektischer Doppelung bedeutet die Kritik der Geschichtsschreibung zugleich eine Kritik der von ihr beschriebenen Geschichte.

Bei der Interpretation hat sich gezeigt, daß das Unrühmliche systematisch verschwiegen wird, vor allem die problematischen Lebensbedingungen derer, die Geschichte erleiden und zugleich letztlich die Werke der „Größe" schaffen. Die Geschichte wird nur zur Hälfte berichtet, weil sie zweigeteilt ist. Die Perspektive der Unteren nimmt dem Glanz seine unbedingte Geltung: sie erweist sich als Sinnfrage der Geschichte. Die großen Persönlichkeiten sind nur Usurpatoren von Leistungen, die kollektiv vollbracht werden und allein in ihrer Deutung als individuelle Größe unproblematisch scheinen. Wenn man weiterhin bedenkt, daß das Gedicht das Anfangsgedicht des sehr streng komponierten dritten Kapitels (‚Chroniken') der Svendborger Gedichte' ist, wird die Fragwürdigkeit der überlieferten Geschichte als sein Gegenstand besonders deutlich. Im Zyklus steht es in Verbindung mit dem Gedicht ‚Inbesitznahme der großen Metro durch die Moskauer Arbeiterschaft am 27. April 1935' [...]. Wie der erste Abschnitt der „Fragen" behandelt dieses Gedicht die Errichtung eines großen Bauwerks von historischem Glanz. Das Werk wird gebührend gepriesen, aber das eigentlich Historische ist nicht das Monument, sondern das Verhältnis der Erbauer zu ihrer Arbeit:

> Denn es sah der wunderbare Bau
> Was keiner seiner Vorgänger in vielen Städten vieler Zeiten
> Jemals gesehen hatte: *als Bauherren die Bauleute!*
> Wo wäre dies je vorgekommen, daß die Frucht der Arbeit
> Denen zufiel, die da gearbeitet hatten? Wo jemals
> Wurden die nicht vertrieben aus dem Bau
> Die ihn errichtet hatten?

Es handelt sich ersichtlich um eine Wiederaufnahme der Thematik der ‚Fragen‘, wobei der bezeichnete Unterschied in der Struktur der Gesellschaft eine angemessene historische Darstellung ermöglicht: das Werk ist gegenüber den Verhältnissen sekundär.

Brechts Kritik der Geschichtsschreibung ist also letztlich eine Kritik der Geschichte, der sie zugeordnet ist. Die Beziehung auf das Metro-Gedicht erweist die ‚Fragen‘ als revolutionäre Bewußtseinsbildung.

Edgar Neis[22]

„Der Phoinikier Kadmos erbaute 1519 v. Chr. das siebentorige Theben; Epaminondas, Pelopidas machten es im klassischen Altertum zur bedeutendsten Stadt Boeotiens; nach der Zerstörung durch Alexander den Großen baute Kassandros 316 v. Chr. die Stadt wieder auf.“ –

„Nebukadnezar II., der von 605–562 v. Chr. regierte, war der mächtigste König des neubabylonischen Reiches; er baute das mehrmals zerstörte Babylon wieder auf und aus; 587 eroberte er Jerusalem. Um 550 v. Chr. begann Cyrus, der größte König der Perser, sich das Morgenland untertan zu machen. Er besiegte den reichen König Krösus von Lydien in Kleinasien. Wenige Jahre darauf stürzte Cyrus das morsche Babylon ... König Darius (um 500 v. Chr.) dehnte die Grenzen des Perserreiches noch weiter aus ...“ –

„Der junge König Alexander wollte die persische Gefahr für immer bannen. Er setzte über den Hellespont über, zersprengte und vernichtete das Heer der Perser, schlug Darius und zog nach Indien. Nachdem er den Indus-Strom überschritten hatte, stieß er auf das Heer eines indischen Königs. Davor hielten 200 Kriegselefanten. Alexander aber meisterte die Lage durch eine Umgehung, fiel dem Feind in die ungeschützte Flanke und schlug ihn. Dann eroberte Alexander ganz Indien.“ –

„Im Jahre 58 v. Chr. trieb Julius Cäsar Ariovist, den König der germanischen Sueben, der im mittleren Gallien Fuß gefaßt hatte, über den Rhein zurück. Er unterband das Einströmen weiterer Germanenheere; ein von dem tatkräften Vercingetorix geleiteter allgemeiner Aufstand wurde von Cäsar niedergeschlagen. Nachdem er Gallien in das römische Weltreich eingefügt hatte, mußte er nach Rom zurückkehren, da der Senat seine Statthalterschaft, die am 1. Januar 49 v. Chr. endete, nicht mehr verlängerte und seine Abberufung beschloß. Daraufhin überschritt Cäsar den Grenzfluß Italiens im Norden, den Rubicon, besiegte seinen Widersacher Pompejus bei Pharsalos, unterwarf sich Ägypten und kehrte 47 v. Chr. nach Rom zurück. Cäsar war Sieger an allen Fronten.“ –

So las es Brecht in den Geschichtsbüchern, so steht es heute noch darin. Daher seine Feststellungen und Fragen:

Der junge Alexander eroberte Indien.
Er allein?
Cäsar schlug die Gallier.
Hatte er nicht wenigstens einen Koch bei sich?
Philipp von Spanien weinte, als seine Flotte
Untergegangen war. Weinte sonst niemand?
Friedrich der Zweite siegte im Siebenjährigen Kriege. Wer
Siegte außer ihm?

Brecht wendet sich gegen die Glorifizierung und Heroisierung Einzelner, gegen die Diktion der „Bücher“, die alle Leistungen, Eroberungen, Siege und Niederlagen nur den Herrschern und Helden zuschreibt. Vom Volk aber, das die Felsbrocken schleppt, die Städte erbaut, die Triumphbögen errichtet, die Eroberungen und Siege ermöglicht, den Siegesschmaus kocht, die Spesen bezahlt, ist nirgends die Rede. Brechts provozierende Fragen sollen die Aufmerksamkeit auf den anonym gebliebenen kleinen Mann, auf die Hefe des Volkes lenken, deren Dienstleistungen den führenden erst zu ihrer Größe verhelfen. Brecht will die „heroische Historiographie“ („Der junge Alexander eroberte Indien“) ad absurdum führen, indem er ihre Unlogik und Unwahrheit erweist: „Er allein?“ In der Frage selbst liegt schon die Antwort; der lesende Arbeiter denkt nicht an die „großen Männer“ der Geschichte, sondern vor allem an die Leute, die ihm nahestehen, an die sozial Untenstehenden: die Sklaven, die Soldaten, die Bauleute, die Köche.

Und doch, bei allem Verständnis für die sozialkritische Haltung des lesenden Arbeiters, ist zu bemerken, daß er den Geschichtsprozeß allzusehr aus der Froschperspektive betrachtet: nicht nur, daß es selbstverständlich ist, daß der junge Alexander nicht *allein* Indien eroberte, daß Cäsar nicht *allein* die Gallier schlug, daß Philipp von Spanien nicht *allein* weinte, als seine Flotte untergegangen war und Friedrich der Zweite nicht *allein* im Siebenjährigen Krieg siegte; die Namen der Führer und Regenten stehen hier für das Ganze, schließen das Volk mit ein, meinen gleichzeitig die Soldaten, die Arbeiter, die Handwerker und Bauern, die mehr oder weniger Anteil an den Taten der Herrscher haben; sie stehen hier als die partes pro toto, da es schlechterdings unmöglich ist, die Vielen zu nennen, die ihnen folgten und dienten. Aber auch der von dem lesenden Arbeiter durch sein dialektisches Fragen beanstandete Zwang zum Dienst der Untergebenen gegenüber den Führenden kann eine Rechtfertigung erfahren: Brecht hat sie zwanzig Jahre nach der Entstehung seines Gedichtes „Fragen eines lesenden Arbeiters“ in der Menenius-Fabel seiner eigenen Bearbeitung des Shakespeareschen „Coriolan“ gegeben: Dem Wort Lessings gemäß „Nicht die Kinder nur speist man mit Märchen ab" erzählt Menenius Agrippa den hungernden, sich unterdrückt fühlenden und revoltierenden Plebejern folgende Geschichte:

Menenius: Freunde, glaubt mir, erstaunlich liebevoll
Sorgt für euch der Senat. Was euer Hungern
In dieser Zeit der Teurung angeht, könnt ihr
Grad so dem Himmel drohn mit eurem Streiken
Als dem Senat; denn solche Teuerung wird
Von den Göttern über uns verhängt und nicht
Von Menschen. Ach, euer Elend führt euch
Dorthin, wo größeres Elend euch erwartet.
So beißt der Säugling in die leere Brust
Der unglücklichen Mutter. Ach, ihr scheltet
Wie eine Feindin Rom, das für euch sorgt.

Vestitor: Für uns sorgt! So siehst du aus! Sie sorgten noch nie für uns. Uns hungern lassen, und ihre Vorratshäuser sind vollgestopft mit Korn! Verordnungen erlassen gegen den Wucher, um die Wucherer zu unterstützen! Täglich ein anderes heilsames Gesetz gegen den Reichen widerrufen und täglich schärfere Verordnungen austifteln, die Armen zu fesseln in Schuldknechtschaft. Wenn die Kriege uns nicht auffressen, tun sie's. So sehr lieben sie uns.

Menenius: Entweder ihr seid tückisch oder, mit
Verlaub, sehr dumm. Ich werde euch ein Gleichnis
Zum besten geben. Möglich, daß ihr's kennt,
Doch paßt es her. Nun, wollt ihr's hören Leute?

Vestitor: Warum nicht. Wir haben ja Zeit für Märlein. Ich für mein Teil möchte schon lang gern schön reden lernen, und das kann man von dir, Agrippa. Schieß los!

Menenius: Es war einmal, da rebellierten alle
Glieder des Körpers gegen den Bauch. Sie schrien
Er sei ein Loch, nichts sonst, in Körpermitte
Faul und untätig, doch die Speisen hamsternd
Dieweil mit ihnen nicht die Arbeit teilend
All das Bewegen, Sehen, Hören, Planen
Das Fühlen, Instruieren, das sie besorgten
Mit wechselseitigem Eifer, Trieb und Neigung
Des ganzen Körpers willig fördernd. Drauf
Erwiderte der Bauch ...

Sutor: Was erwiderte er?

Menenius: Gleich doch
Mit einer Art von Lachen, nicht lauthals
Natürlich, nicht aus voller Lunge, me-
Lancholisch fast, erwiderte der Bauch –

Seht ihr, ich kann ihn lachen lassen, grad
So gut wie reden –, Lachend sagte er
Den mißvergnügten Gliedern, die ihm seine
Einkünfte nicht vergönnten, so wie ihr unseren
Senatoren …

Sutor: Also was? Was sagte dein fauler Bauch? Senkgrube und Abtritt? Was?

Menenius: Euer sehr ernster Bauch erwog die Antwort
Er war nicht rasch wie seine Widersacher.
Wahr ist es, meine werten Compagnons,
Sprach er, zuerst nehm ich die Nahrung auf
Von der ihr alle lebt, und das ist nötig
Weil ich des ganzen Körpers Speicher bin
Der Laden sozusagen; doch vielleicht
Entsinnt ihr euch, daß ich die neuen Kräfte
Durch eures Bluts Kanäle zu euch sende
Und durch des Körpers Gäng' und Windungen
Empfängt der fernste Nerv, die feinste Ader
Von mir den angemess'nen Unterhalt.
Wiewohl ihr nun nicht alle, sprach der Bauch
Ihr lieben Freunde –

Sutor: Freunde ist gut.

Menenius: Er sagte, liebe Freunde, ob ihr auch
Nicht alle gleich seht, was ich jedem zumess'
Kann ich doch Rechnung legen, daß ich allen
Das feinste Mehl von allem Mehl zuteile
Und nur die Kleie zurückbehalte. Nun
Was sagt ihr jetzt?

Vestitor: 's ist eine Antwort. Und nun die Moral?

Menenius: Nun, der Senat ist dieser gute Bauch.
Ihr seid die aufsässigen Glieder. Denkt!
Aufs Denken kommt es an. Denkt, denkt, denkt, denkt!
Und euch wird aufgehen, wie die würdigen Väter
Das öffentliche Wohl im Aug', das allgemeine
Den einzelnen beliefern; denn was euch
Zukommt, von ihnen kommt's.

Die Macht der Verführung zum Sozialkampf durch die so wirkungsvoll in der „Sklavensprache" (H. Mayer) formulierten rhetorischen Fragen des lesenden Arbeiters ist groß; aber das fünffache „Denkt!" des Menenius Agrippa, das dieser den „aufsässigen Gliedern" des römischen Staatskörpers zuruft, gilt auch für ihn. Mit dem Gleichnis vom Bauch und den rebellischen Leibesgliedern ist auf „So viele Berichte / So viele Fragen" eine Antwort erteilt.

V. Testamente aus der Emigration

1. Legende von der Entstehung des Buches Taoteking auf dem Weg des Laotse in die Emigration (1933–1938)

Walter Benajamin[23]

Legende von der Entstehung des Buches Taoteking auf dem Weg des Laotse in die Emigration

1
Als er Siebzig war und war gebrechlich
Drängte es den Lehrer doch nach Ruh
Denn die Güte war im Lande wieder einmal schwächlich
Und die Bosheit nahm an Kräften wieder einmal zu.
Und er gürtete den Schuh.

2
Und er packte ein, was er so brauchte:
Wenig. Doch es wurde dies und das.
So die Pfeife, die er immer abends rauchte
Und das Büchlein, das er immer las.
Weißbrot nach dem Augenmaß.

3
Freute sich des Tals noch einmal und vergaß es
Als er ins Gebirg den Weg einschlug.
Und sein Ochse freute sich des frischen Grases
Kauend, während er den Alten trug.
Denn dem ging es schnell genug.

4
Doch am vierten Tag im Felsgesteine
Hat ein Zöllner ihm den Weg verwehrt:
„Kostbarkeiten zu verzollen?" – „Keine."
Und der Knabe, der den Ochsen führte, sprach: „Er hat gelehrt."
Und so war auch das erklärt.

5
Doch der Mann in einer heitren Regung
Fragte noch: „Hat er was rausgekriegt?"
Sprach der Knabe: „Daß das weiche Wasser in Bewegung
Mit der Zeit den mächtigen Stein besiegt.
Du verstehst, das Harte unterliegt."

6
Daß er nicht das letzte Tageslicht verlöre
Trieb der Knabe nun den Ochsen an
Und die drei verschwanden schon um eine schwarze Föhre
Da kam plötzlich Fahrt in unsern Mann
Und er schrie: „He, du! Halt an!

7
Was ist das mit diesem Wasser, Alter?"
Hielt der Alte: „Intressiert es dich?"
Sprach der Mann: „Ich bin nur Zollverwalter
Doch wer wen besiegt, das intressiert auch mich.
Wenn du's weißt, dann sprich!

8
Schreib mir's auf! Diktier es diesem Kinde!
So was nimmt man doch nicht mit sich fort.
Da gibt's doch Papier bei uns und Tinte
Und ein Nachtmahl gibt es auch: ich wohne dort.
Nun, ist das ein Wort?"

9
Über seine Schulter sah der Alte
Auf den Mann: Flickjoppe. Keine Schuh.
Und die Stirne eine einzige Falte.
Ach, kein Sieger trat da auf ihn zu.
Und er murmelte: „Auch du?"

10
Eine höfliche Bitte abzuschlagen
War der Alte, wie es schien, zu alt.
Denn er sagte laut: „Die etwas fragen
Die verdienen Antwort." Sprach der Knabe: „Es wird auch schon kalt."
„Gut, ein kleiner Aufenthalt."

11
Und von seinem Ochsen stieg der Weise
Sieben Tage schrieben sie zu zweit.
Und der Zöllner brachte Essen (und er fluchte nur noch leise
Mit den Schmugglern in der ganzen Zeit).
Und dann war's soweit.

12
Und dem Zöllner händigte der Knabe
Eines Morgens einundachtzig Sprüche ein.
Und mit Dank für eine kleine Reisegabe
Bogen sie um jene Föhre ins Gestein.
Sagt jetzt: kann man höflicher sein?

13
Aber rühmen wir nicht nur den Weisen
Dessen Name auf dem Buche prangt!
Denn man muß dem Weisen seine Weisheit erst entreißen.
Darum sei der Zöllner auch bedankt:
Er hat sie ihm abverlangt.

Das Gedicht kann Anlaß geben, die besondere Rolle aufzuzeigen, die die Freundlichkeit in der Vorstellungswelt des Dichters spielt. Brecht weist ihr einen hohen Platz an. Wenn wir uns die Legende, die er erzählt, vor Augen stellen, so ist es so, daß auf der einen Seite die Weisheit des Laotse steht – er wird übrigens im Gedicht nicht mit Namen genannt. Diese Weisheit ist im Begriff, ihm das Exil einzutragen. Auf der anderen Seite steht die Wißbegierde des Zöllners, die am Schluß bedankt wird, weil sie dem Weisen seine Weisheit erst entrissen hat. Das wäre aber ohne ein drittes nie geglückt: dieses dritte ist die *Freundlichkeit.* Wenn es ungerechtfertigt wäre zu sagen, daß der Inhalt des Buches Taoteking die Freundlichkeit ist, so wäre man immerhin mit der Behauptung im Recht, daß das Taoteking nach der Legende dem Geiste der Freundlichkeit zu verdanken hat, daß es überliefert wurde. Über diese Freundlichkeit erfährt man in dem Gedicht allerhand.

An erster Stelle dies, daß sie nicht unbedacht zur Geltung kommt:

Über seine Schulter sah der Alte
Auf den Mann: Flickjoppe. Keine Schuh.

Die Bitte des Zöllners mag noch so höflich sein. Laotse versichert sich erst, daß ein Berufener sie tut.

An zweiter Stelle: die Freundlichkeit besteht nicht darin, Kleines nebenher zu leisten, sondern Größtes so zu leisten, als wenn es ein Kleinstes wäre. Nachdem Laotse einmal die Befugnis des Zöllners zu fragen ermittelt hat, stellt er die folgenden weltgeschichtlichen Tage, die er ihm zu Gefallen auf seiner Wanderung einhält, unter das Motto:

Gut, ein kleiner Aufenthalt.

Drittens erfährt man über die Freundlichkeit, daß sie den Abstand zwischen den Menschen nicht aufhebt sondern lebendig macht. Nachdem der Weise so Großes *für* den Zöllner getan hat, hat er wenig mehr *mit* dem Zöllner zu tun, und nicht er übergibt ihm die einundachtzig Sprüche, sondern sein Knabe tut es.

„Die Klassiker", hat ein alter chinesischer Philosoph gesagt, „lebten in den blutigsten, finstersten Zeiten und waren die freundlichsten und heitersten Leute, die man jemals sah." Der Laotse dieser Legende scheint Heiterkeit zu verbreiten, wo er geht und steht. Heiter ist sein Ochse, den das Gewicht des Alten nicht daran hindert, sich des frischen Grases zu freuen. Heiter ist sein Knabe, der es sich nicht nehmen läßt, Laotses Armut mit der trockenen Bemerkung zu begründen: „Er hat gelehrt." Heiter wird der Zöllner vor seinem Schlagbaum gestimmt, und diese Heiterkeit inspiriert ihn zu der glücklichen Nachfrage nach den Forschungsergebnissen des Laotse. Wie sollte endlich der Weise selber nicht heiter sein und wozu wäre seine Weisheit gut, wenn er, der das Tal, das ihn noch eben erfreute, an der nächsten Wegbiegung schon vergessen hat, nicht die Sorgen um das Künftige, kaum verspürt, schon vergessen hätte.

In der „Hauspostille" hat Brecht eine Ballade von den Freundlichkeiten der Welt geschrieben. Es sind drei an der Zahl: die Mutter stellt die Windeln bei; der Vater reicht eine Hand; Leute schütten Erde aufs Grab. Und das genügt. Denn am Schluß dieses Gedichtes heißt es:

Fast ein jeder hat die Welt geliebt
Wenn man ihm zwei Hände Erde gibt.

Die Freundlichkeitsbezeigungen der Welt finden sich an den härtesten Stellen des Daseins ein: bei der Geburt, beim ersten Schritt ins Leben und bei dem letzten, der aus dem Leben führt. Das ist das Minimalprogramm der Humanität. Es begegnet wieder im Laotsegedicht und hat dort die Gestalt des Satzes angenommen:

Du verstehst, das Harte unterliegt.

Das Gedicht ist zu einer Zeit geschrieben, wo dieser Satz den Menschen als eine Verheißung ans Ohr schlägt, die keiner messianischen etwas nachgibt. Es enthält aber für den heutigen Leser nicht nur eine Verheißung sondern auch eine Belehrung.

Daß das weiche Wasser in Bewegung
Mit der Zeit den mächtigen Stein besiegt

belehrt darüber, daß es geraten ist, das Unstete und Wandelbare der Dinge nicht aus dem Auge zu verlieren und es mit dem zu halten, was unscheinbar und nüchtern, auch unversieglich ist wie das Wasser. Der materialistische Dialektiker wird dabei an die Sache der Unterdrückten denken. (Sie ist eine unscheinbare Sache für die Herrschenden, eine nüchterne für die Unterdrückten und, was ihre Folgen angeht, die unversieglichste.) An dritter Stelle endlich steht neben der Verheißung und neben der Theorie die Moral, die aus dem Gedicht hervorgeht. Wer das Harte zum Unterliegen bringen will, der soll keine Gelegenheit zum Freundlichsein vorbeigehen lassen.

Bernhard Schulz[24]

„Verfremdend" fern erscheint die Geschichte zunächst, die aus China berichtet wird. Es ist das China, welches den Dichter wiederholt beschäftigt hat; so in der „Maßnahme" (Aufführung am 10. Dezember 1930), in „Die Ausnahme und die Regel" (ein kurzes Stück für Schulen, 24. Versuch, 1930), im „Guten Menschen von Sezuan" (1938 in der dänischen Emigration begonnen, 1940 in Schweden fertiggestellt) – das China, dessen lyrische Kunst er sich anzueignen versuchte, indem er alte und neue chinesische Gedichte, darunter auch eines von Mao Tse Tung, reimlos und mit unregelmäßigen Rhythmen ins Deutsche übertrug.

Dieses China ist bei Brecht – ob nun für Legende, Parabelstück (wie er den „Guten Menschen" nannte) oder Kurzgedicht – keineswegs bloße Kulisse oder lediglich exotischer Reiz. Es ist ihm vielmehr ein entscheidender Ort für die gesellschaftliche Umwandlung der Menschheit auf der heutigen Erde. Er hat deren neueste Wendung, die er voraussah und begrüßte, noch miterlebt und kommentiert, er hat in Lao Tse die Frühphase und das Leitbild für die Entwicklung gesehen. Ob mit Recht, mag für den, der die berühmten einundachtzig Sprüche des Tao Te King kennt, fraglich bleiben: immerhin, dieser Lao Tse hat als Bauer und späterer Archivar und Chronist eines Fürsten der Dynastie Tschöu 600 Jahre vor Christus wirklich gelebt, zog sich, angeekelt von Hofleben und Staatsgeschäften, einsam für lange Jahrzehnte in eine Hütte am Abhang eines Berges im Bezirk Han Koan zurück, verließ im hohen Alter sein Heim, reiste gen Westen und ward nicht mehr gesehen. Und die einundachtzig Sprüche, das „winzige Riesenwerk", sein einziges, sind wirklich aufgeschrieben und hinterlassen.

Die „Legende" faßt das Wirken des Weisen, in der Grundform der „imitatio", als eine Art Heiligensage, wie sie ähnlich auch von anderen großen Erleuchtern und Führern des Menschengeschlechtes erzählt wird.

Zweierlei ist an unserer Legende wesentlich, eben die Emigration und das Lehrverhältnis. Der Lehrer zieht sich zurück, er wandert aus. Seine Trennung vom heimatlichen Tal wird hier nicht wie sonst meist bei Brecht als Entscheidung in einem bestimmten einmaligen und vordergründigen geschichtlichen Prozeß, sondern als Schicksalszug dargestellt, wie er sich immer „wieder einmal" vollzieht. Das perfektische *hat* in IV, 2 leitet zwar nach den erzählerischen Imperfekten ein entscheidendes Ereignis ein, aber sein Hauptvollstrecker, der Alte, ist ein Typus und vom Dichter als solcher erfaßt.

Die Lehre faßt der Knabe, Typus des treuen letzten Begleiters und der übernächsten Generation, zusammen: das Harte unterliegt; das weiche Wasser, die große Freundlichkeit, wird mit der Zeit die steinharte Macht besiegen. Aber Sieg ereignet sich nur im Kampf, und die Verkündigung des Endsiegs geschieht aus der Gesetzeskraft der Niederlage, im Zuge der Vertreibung. Das ist der erregende Widerspruch.

Die Lehre wird – nicht nur in dem Gleichnis des Knaben – durchaus bildhaft vorgetragen: Lao Tse auf dem Büffel reitend ist ein Bild aus dem Pekinger Museum, von Chao Po Chü zur Zeit des Kaisers Kao Tsung, in der Mitte des 12. Jahrhunderts, mit Tusche auf Papier und Seide gemalt; die Stirnfalte des Grenzers, Felsgestein, Schmuggler, der (ironisch gesetzte) Ochse des Weisen, schließlich die schwarze Föhre als Requisit (in VI u. XII), das Gestein (IV, XII) – das alles hat wie auch der begleitende kindliche Jünger Kraft und Bedeutung von Zeichen.

Der aber, der die Lehre fast zufällig und im letzten Augenblick, von der Neugier einer „heitren Regung" getrieben, vernimmt, ist ein Zöllner, „kein Sieger" und kein Anwärter auf Sieg, ein Sünder vielmehr im Dienst der Mächtigen wie der Zöllner im Neuen Testament, ein namenloser „Keuner", ein kleiner Niemand, hier nun ein Werkzeug – und zwar ein geschichtlich notwendiges! – zur Erweckung der Wahrheit des Weisen. Er fragt zuerst nur wie nebenher (V), dann aber entscheidend (VII). In einer Art umgekehrter Maieutik entreißt er dem Weisen, der fliehen und verzichten will, die Weisheit, die ihn selbst und alle retten soll.

Diese entscheidende Begegnung nun, die ein Werk und seine Wirkungen erwirkt (so wie Brechts Werk selbst aus der Begegnung mit den Bedürftigen und der Bedürftigkeit erwirkt wurde), wird nicht mit den hohen Tönen der Begeisterung dargestellt, die Behinderung des endlichen und gewissen Siegs der Güte nicht mit dem Pathos des Zorns ausgedrückt, dessen übrigens Brecht wie selten einer in der neueren deutschen Dichtung Meister war: Kein „Heil" und kein „Wehe", kein Propheten- oder Kassandraton.

Schon die Unscheinbarkeit des Vorgangs – oft gerade Kennzeichen tiefer Folgen – verbietet dies.

Die Kunstform ist hier wie auch sonst vielfach bei Brecht von betonter Kühle, ja Kälte. Sie ist gleichsam künstlich unterkühlt, die Glut des Willens zur Änderung verfremdend. Sie gibt sich gelassen, ja lässig bis zur Nachlässigkeit, prosaisch, alltäglich, bisweilen dem Anschein nach bieder-gemütlich (mit Pfeife und Büchlein), oft simpel, derb und frech oder keß – ein wahrer „sermo humilis".

Schon die Wortwahl zeigt dies an: *Er war siebzig – was er so brauchte – sowas nimmt man doch nicht ... – da kam plötzlich Fahrt ... – was ist das mit diesem Wasser, Alter? – wer wen besiegt – hat er was 'rausgekriegt? – das interessiert auch mich ... – in der ganzen Zeit.*

Hinzu kommt die *und*-Struktur vieler Zeilen und Übergänge. Das *und*, so besonders in den Anfängen der Strophen II, XI, XII, ist die schlichteste Form der Verknüpfung durch einfache Reihung. Es hat zugleich archaische, kindliche und volksmäßige Züge. Die gewollte Niedrigkeit in Wortgebrauch und Fügung ist durchsetzt mit steifer Ausdrucksweise, die höheren, aber nicht mehr voll erfüllten Schichten der Sprache anzugehören scheint: *gürtete den Schuh – das letzte Tageslicht verlöre – Nachtmahl* (bes. süd-deutsch) – *händigte ein – auf dem Buche prangt.*

Bei allem ist die Kunst solcher manchmal fast schnoddrigen Alltagsrede nicht zu verkennen. Sie zeigt sich besonders in der Handhabung der Strophik. Die kurzen, nachklingenden, gleichsam hinzugereimten fünften Zeilen, bald nachtragend (II), bald zusammenfassend (V, XI), bald überleitend (I), fragend (VIII, XII), glossierend (III, IV), pointierend und abschließend (X, XIII), sind oft von verblüffender Wirkung. Mit Recht spricht Joh. Pfeiffer bei Brecht von „raffinierter Lässigkeit". Man könnte für frühere Stufen dieser Art die Schlußzeilentechnik eines Matthias Claudius zum Vergleich heranziehen. Große Pausenunterschiede (so zwischen V und VI, VIII und IX) wechseln mit drängenden Übergängen (VII und VIII). Der bänkelsängerische Leierton im trochäischen Auf und Ab der Zeilen hindert nicht Unterbrechungen, Synkopen und Kürzen bis zur Einsilbigkeit: *Hielt der Alte – Sprach der Mann – Flickjoppe. Keine Schuh – Gut, ein kleiner Aufenthalt.* Die Wechselgespräche sind mit großer Gewandtheit ins Erzählerische der Ballade eingefügt. Ihr Aufbau, weitausholend, gemächlich anschreitend, in der Mitte dramatisch gespannt, gegen Ende rein einmündend in den eigentlichen Aufschluß der Betrachtung, ist von schöner Folgerichtigkeit. Stellen wie die in V, wo es nicht heißt: „den harten Stein", sondern „den mächtigen Stein", und die Wiederholung des Föhrenbildes aus VI in XII beweisen allein schon den Kunstverstand. Der epische Abstand wird gewahrt: *denn die Güte ... – wie es schien – denn dem ging es schnell genug – und so war auch das erklärt – denn man muß dem Weisen ... – Ach, kein Sieger trat da auf ihn zu – und dann war's soweit.* Damit verträgt sich aber durchaus lebendige Anrede an die Zuhörer: *da kam plötzlich Fahrt in unsern Mann – Sagt jetzt ... – Aber rühmen wir nicht nur ...*

Solch heiterer Lehrton gründet in aufklärerischer Überlieferung. Dieser Bertolt Brecht steht, bei trotzigem, bisweilen auch verdrießlichem Einzelgängertum, durchaus nicht außerhalb des literaturgeschichtlichen Zusammenhangs. Nicht wenige seiner Werke sind Gegenstücke oder Umbildungen. So ging der Erstling „Baal" des Einundzwanzigjährigen, wie E. Schumacher nachgewiesen hat, gegen Hanns Johsts „Der Einsame". Die Dreigroschenoper fußt, bis zur Grenze des Plagiats, auf John Gays und Joh. Christoph Pepuschs „beggars opera" und auf Villons Balladen, der „Jasager" (1930) auf dem japanischen Stück „Taniko", der „Hofmeister" (1951) bearbeitet ein Drama von Lenz.

So hat die Redeweise unserer Ballade Vorläufer bei Bürger, Gellert, ja selbst bei Goethe, sofern man das Traktat- und Epistelhafte ins Auge faßt.

Allerdings: das freundlich-optimistische Zureden des aufgeklärten Poeten wandelt sich beim Zuchtmeister des zwanzigsten Jahrhunderts zu hintergründigem Versteckspiel, betonter Kaltschnäuzigkeit und enttäuschtem Zynismus.

Die mißtrauische Nüchternheit, die gemimte Kühle, das vorgebliche Müdesein sind nur das Gegenbild äußerster Dringlichkeit, lauernder Entschlossenheit, überlegenen Wartens, perfekter Überredungskunst, rücksichtlosen Willens zur Durchleuchtung allen Scheins [...] und unbeirrter Parteigängerschaft.

Lao Tse, der in der Emigration (nach Brecht) die Aushöhlung der Macht der Mächtigen dieser Erde zum Kernstück seiner Lehre macht, soll Muster sein für die Auflehnung gegen eine böse Gesellschaftsordnung, wie Brecht sie als Kommunist verfocht.

Auch wer nicht Kommunist ist, wird die mächtige Triebkraft dieser Auseinandersetzung nicht verkennen. Dieser Dichter Brecht trat endlich einmal wieder für etwas ein. Was selbst ein so völlig anderer wie Rilke in kritischen Augenblicken als *die* ungelöste Aufgabe der Dichtung ansprach, und was so viele an der mittelalterlichen oder auch an der antiken und der klassischen Kunst platonisch bewundern, hier wird es, wenngleich mit zweifelhafter und oft verzweifelter Rücksichtslosigkeit, in den Blick genommen: Einsetzung, Wiedereinsetzung der Dichtung in die ethische, politische und wirtschaftliche Ordnung der Menschenwelt.

Daß dies in dichterischer Weise erstrebt wird, verschafft uns allen einen Zugang. Ob Brecht wollte oder nicht, der Tageskampf ist in seiner Legende vom einsiedlerischen Staatsphilosophen geläutert und verklärt, d.h. durchsichtig geworden, und zwar ohne daß diesem Kampf dadurch etwas von seiner Verantwortlichkeit genommen wäre. Im Gegenteil, Zöllner und Weiser können und werden sich unter solchem Licht der Kunst in immer neuer Weise begegnen.

Nicht umsonst wahrlich und nicht ohne Anspruch auf unsere Achtung hat sich der große politische Emigrant 1948 auch programmatisch entschlossen, „die Emigration der Kunst aus dem Reich des Wohlgefälligen" rückgängig zu machen. Unsere „Legende" ist ein Unterpfand dafür.

Max Picard[25]

1

Ein echtes Gedicht ist charakteristisch durch das Mehr. Was ist das Mehr? Dies: In jedem Ding der Schöpfung ist mehr, als es bräuchte, um so zu sein, wie es ist. Über alles Notwendige hinaus ist ein Mehr in einem Ding der Schöpfung, die Welt ist nicht nach dem Abgemessenen, gerade Ausreichenden, eingerichtet, sondern aus der Fülle. Das Mehr ist der Grund der Welt, nicht das Rationierte. Eine Blume, zum Beispiel, leitet ihren Samen nicht auf dem schnellsten Wege, wie in einer Röhre, zum nächsten Jahre hin, sondern sie blüht während vieler Tage im Übermaß aller Farben. Dieses Übermaß der Farben gilt, und nur nebenbei fallen die Samen herunter. Um der Fülle, um des Daseins in der Fülle willen, ist die Blume da, nicht wegen des schmalen, raschen Weges zum Ziel.

Durch das Mehr braucht ein Ding der Schöpfung sich nicht auf, es erholt sich in seinem Mehr. Eine Maschine hat das Mehr nicht, sie ist eben dadurch Maschine; sie kann nur funktionieren durch das, was ihr zugemessen ist, und sie funktioniert um so besser, je exakter ihr zugeteilt worden ist. Sie kann sich nicht verwandeln. Ein Ding der Schöpfung aber verwandelt sich vom Mehr her. Es reicht durch das Mehr über sich selbst hinaus.

2

Der Dichter macht das Mehr in den Menschen und den Dingen sichtbar. Es lebt auf durch den Dichter, es wird aufgerührt durch ihn, aber er beruhigt es durch seinen Gesang.

Das Mehr überströmt von der ersten Strophe an schon das ganze Gedicht, es leuchtet den Strophen voran. Die Worte brauchen vom Dichter nicht gesucht zu werden, sie sind da, ehe er sie ruft, sie drängen hin zum Mehr.

Das Mehr des Gedichtes bringt den Menschen und die Dinge an das Anfangshafte, Ursprüngliche zurück. Der Mensch, die Worte und die Dinge, die im Betrieb abgenützt werden, erholen sich im Mehr. Etwas Heilendes geht von einem Gedicht aus, in dem das Mehr ist. Das Mehr hebt ein Gedicht über die Epoche hinaus, in die hinein es gestellt ist, es führt ihm immer wieder das Ursprunghafte zu und macht es für jede Epoche neu.

Das Gedicht reicht durch das Mehr über sich selbst hinaus. Es ist mehr in dem Gedicht, als der Dichter hineingegeben, es ist auch dichterischer, als es von der Person des Dichters her sein könnte. Zuerst war das Mehr da, dann erst war der Dichter. Es ist, als hätte das Gedicht schon vor der ersten Strophe angefangen und als würde es nach der letzten Strophe nicht aufhören. Was hörbar wird, das ist bloß der lautgewordene Teil des unendlichen Gedichts. „Die saitenlose Zither erst kann die letzte Bewegung des Herzens ausdrücken“ (Chines. Dichter).

3

Brecht war ein Kommunist und Revolutionär. Sind Spuren davon in diesem Gedicht? Sie sind überdeckt vom Mehr. Eine Spur: Brecht transponiert seine Emigration aus Deutschland in das Leben Laotses, von dem die chinesische Legende erzählt, er habe im hohen Alter sein Land verlassen und an der Grenze dem Zöllner die 81 Sprüche des Taoteking zurückgelassen, dann sei er jenseits der Grenze in der Luft verschwunden. Brecht hat keinen Haß und kein Resentiment in die Transposition hineingegeben. Es ist kein politisches Gedicht geworden. Ein solches hätte alles in einen einzigen Augenblick zusammengeballt, damit es sprengend, revolutionär wirke. In einem politischen Gedicht ist keine Zeit. Im Brechtschen Gedicht aber verläuft alles langsam, allmählich: „Denn ihm (Laotse) ging es schnell genug.“ Man spürt noch durch das Gedicht hindurch die Tage und

Wochen, in denen er, Laotse, es erwog, ob er überhaupt fortwandern, und in denen er überlegte, was er mitnehmen solle. Es ist Zeit in dem Gedicht: „Die Pfeife, die er abends rauchte“, sieht man langsam rauchen, „und das Büchlein, das er immer las“, liegt aufgeblättert vor einem, neben dem Weißbrot: es ist ein Stilleben, das bleibt, kein Aufbruch zur plötzlichen Flucht. Es ist Zeit in dem Gedicht, weil das Mehr in ihm ist, denn das Mehr ist Dauer und will Dauer. Eine andere Spur: „Doch wer wen besiegt, das interessiert auch mich.“ Hat Brecht hier an seine politischen Kämpfe gedacht? Es ist wahrscheinlich, aber er hat das Politische ins allgemeine Gesetz der Welt erhoben, wo „das weiche Wasser in Bewegung mit der Zeit den mächtigen Stein besiegt.“ Nicht Ressentiment gegen die erlebte Politik ist in dem Satz, sondern Hoffnung auf ein neues politisches Geschehen der Milde. Das Mehr im Dichter hat den Politiker besiegt. „Das Harte unterliegt.“

Dann: Der Zöllner trägt eine „Flickjoppe. Keine Schuh. Und die Stirne eine einzige Falte.“ Wollte Brecht den Zöllner als sozial Unterdrückten darstellen? Vielleicht, – aber das Mehr im Dichter hat ihn zum an sich Armen gemacht. Laotse schaute ihn nicht anders an als der heilige Martin den Halbnackten, dem er seinen Mantel gab. Die letzte Spur: „Denn man muß dem Weisen seine Weisheit erst entreißen.“ Brecht wollte als Politiker, daß das Volk an dem Wissen der Erkennenden teilhabe, damit es die Erkenntnis verwirkliche. Aber diese Forderung geht unter in der Freundlichkeit, mit der der Dichter des Zöllners gedenkt: nicht nur der Weise wird bedankt, von dem die 81 Sprüche des Buches Taoteking stammen, sondern auch der Zöllner, der „sie ihm abverlangt.“

4

Es geniert einen fast, die politischen Spuren aufzudecken, so sehr sind sie begraben im Mehr. Das Begrabensein im Mehr – das soll nicht heißen, daß Brecht für die bürgerliche Ideologie reklamiert wird. Brecht hat seinen Geist und seine Existenz für die marxistische Idee hergegeben, er hat ein Recht darauf, nicht von dort weggeschoben zu werden, wo er sich hingab. Die politischen Spuren sind nur aufgedeckt worden, um zu zeigen, wie mächtig das Mehr ist. So mächtig ist es, daß die Absicht des Dichters untergeht in ihm. Er kann nicht dichten, wie er will, er muß dichten, wie das Mehr will. Das Gedicht, das politisch werden sollte, ist legendenhaft geworden wie die chinesische Legende von Laotse. Es ist, als ob kein Mensch es geschaffen, sondern als sei es von selber in der Luft entstanden, durch die Laotse ging, und der Mensch, der Dichter hörte bloß zu. „Wisse, daß der Mensch unendlich über den Menschen hinausreicht.“ (Pascal).

Lehrerheft zum Klett-Lesebuch[26]

ZUR TITELGESTALT: Lao-tse (= der alte Meister) ist der Ehrenname für den chinesischen Philosophen Li Po-yang, geb. 604 v. Chr., gest. um 520 außerhalb des Reiches. Tao ist der Urgrund alles Seins, in den alles wieder zurückkehrt. In ihm liegen die Urbilder und Ideen zusammen mit dem Te, der wirkenden Kraft. Ihnen gemäß muß der Mensch leben, d.h. „Wuwei“, nicht aufbegehrenden Einklang, üben. Brecht hat die taoistische Lehre dialektisch auf die sozialen Verhältnisse umgedeutet.
AUFBAU UND SPRACHE: Die Strophen sind 5-zeilig mit dem Reimschema ababb, also eine um den b-Reim erweiterte einfache Liedstrophe. Der letzte Vers bildet dabei stets eine für sich stehende Satzeinheit, die den Akzent der jeweiligen Strophe trägt, denn immer bringt er die Pointe oder den Kulminationspunkt der Strophe durch knappe Zusammenfassung des vorher in ihr Gesagten. Der a-Reim hat meist weibliche, der b-Reim stets männliche Kadenz. Metrisch erscheinen die Strophen mehrdeutig, doch der trochäische Charakter überwiegt. Das Ganze erscheint als raffinierte Mischung von fließendem, liedgemäßem und gestautem Rhythmus. Auffällig die Einfachheit von Strophenaufbau, Reim und Sprache, die bewußt zum Volkstümlichen hin tendieren. So ist das Reimgefüge durch eine Vielzahl von gespaltenen (*vergaß es – Grases),* unreinen *(Tinte – Kinde)* und auch dialektischen Reimen (*gelehrt – erklärt)* aufgelockert. Die Sprache ist ebenfalls einfach, fast kindlich durch den simplen Satzbau mit häufigen und-Konstruktionen (von 65 Versen beginnen 17 mit *und*) und die beherrschende Stellung der Konjunktionen überhaupt. Daneben auch Anklänge an volksliedhafte Sprache (*Sprach der Knabe*) und volkstümlichen Jargon (*da kam plötzlich Fahrt in unsern Mann*). Das Gedicht erreicht nach längerer einstimmender Einleitung in V die erste wichtige Station: die Lehre des Laotse, VI retardiert (der Zöllner verarbeitet das Gehörte), zweite Station: Aufforderung zur Niederschrift der Lehre (VII und VIII), wieder Atempause, dann dritte Station: der Bitte wird willfahren (X). In XI und XII wird die Geschichte zu Ende gebracht, und XIII gibt schließlich als 4. Station das Fazit und die Lehre des Dichters. Die vier wichtigen Strophen enthalten als einzige keine und-Konstruktion, sind also auch sprachlich aus ihrem Kontext hervorgehoben.

GEHALT: Über dem Anfang des Gedichts liegt die verklärende Patina einer gewissen Zeitlosigkeit. Der „ewigen Wiederkunft des Gleichen" (Nietzsche) (vgl. die Wiederholung von *wieder einmal* in I 3/4!) müde, möchte sich Laotse den „Verhältnissen" entziehen, doch geht er ohne jede Bitterkeit und Klage in die Emigration (wie auch der Dichter ohne Bitterkeit erzählt, obwohl er zur Zeit der Entstehung des Gedichtes selbst zum Emigrantenschicksal verurteilt war). Vielmehr breitet sich vor dem Leser eine Idylle aus, eine stille und weise Heiterkeit liegt über der Szene, verdichtet sich in V, wo die Armut des Laotse durch seinen Lehrerberuf kabarettistisch-witzig erklärt wird. So spiegelt sich der Gedichttitel (*Legende*) in der Stimmung und Erzählhaltung des Gedichtanfanges wider. Doch noch einmal wird Lao-tse in die Gegenwart zurückgeholt, als ihn der Zöllner *einer heitren Regung* folgend nach seiner Lehre fragt und ihn freundlich um Niederschrift derselben bittet, und Laotse verpflichtet sich für die Zukunft, als er dieser Bitte nachkommt und damit seine Erkenntnis der Vergänglichkeit entzieht und ihr die Möglichkeit zu wirken eröffnet.

Dem Zöllner – und mit ihm dem Leser – wird eine Belehrung zuteil, die zugleich eine Verheißung bedeutet: Das scheinbar unscheinbare *Wasser* wird – in steter Bewegung – eines Tages den mächtigen *Stein* besiegen, *das Harte* wird dem Milden unterliegen. Am Beispiel des Zöllners, der durch Freundlichkeit dem Weisen seine Lehre „entreißt", erteilt der Dichter dem Leser eine zweite Belehrung: Nur durch selbst geübte Milde, durch Freundlichkeit dem Wissenden gegenüber, ist Erkenntnis zu erhalten. Wissen aber ist, verbunden mit Freundlichkeit und Milde, die Motorik desjenigen, der das Harte besiegen möchte. Wenn auch Brecht sein Beispiel wohl auf die Sache der Armen und Unterdrückten angewandt wissen möchte, denn er identifiziert sie dialektisch mit der Kraft des Wassers, so spricht er hier doch nicht als Sozialrevolutionär, sondern in Einklang mit der Lehre seines Gedichtes als Sozialethiker.

2. An die Nachgeborenen (1933–1938)

Hans Mayer[27]

An die Nachgeborenen

I
Wirklich, ich lebe in finsteren Zeiten!
Das arglose Wort ist töricht. Eine glatte Stirn
Deutet auf Unempfindlichkeit hin. Der Lachende
Hat die furchtbare Nachricht
Nur noch nicht empfangen.

Was sind das für Zeiten, wo
Ein Gespräch über Bäume fast ein Verbrechen ist
Weil es ein Schweigen über so viele Untaten einschließt!
Der dort ruhig über die Straße geht
Ist wohl nicht mehr erreichbar für seine Freunde
Die in Not sind?

Es ist wahr: ich verdiene noch meinen Unterhalt
Aber glaubt mir: das ist nur ein Zufall. Nichts
Von dem, was ich tue, berechtigt mich dazu, mich sattzuessen.
Zufällig bin ich verschont. (Wenn mein Glück aussetzt, bin ich verloren.)

Man sagt mir: Iß und trink du! Sei froh, daß du hast!
Aber wie kann ich essen und trinken, wenn
Ich dem Hungernden entreiße, was ich esse, und
Mein Glas Wasser einem Verdurstenden fehlt?
Und doch esse und trinke ich.

Ich wäre gerne auch weise.
In den alten Büchern steht, was weise ist:
Sich aus dem Streit der Welt halten und die kurze Zeit
Ohne Furcht verbringen
Auch ohne Gewalt auskommen
Böses mit Gutem vergelten
Seine Wünsche nicht erfüllen, sondern vergessen
Gilt für weise.
Alles das kann ich nicht:
Wirklich, ich lebe in finsteren Zeiten!

II
In die Städte kam ich zur Zeit der Unordnung
Als da Hunger herrschte.
Unter die Menschen kam ich zu der Zeit des Aufruhrs
Und ich empörte mich mit ihnen.
So verging meine Zeit
Die auf Erden mir gegeben war.

Mein Essen aß ich zwischen den Schlachten
Schlafen legte ich mich unter die Mörder
Der Liebe pflegte ich achtlos
Und die Natur sah ich ohne Geduld.
So verging meine Zeit
Die auf Erden mir gegeben war.

Die Straßen führten in den Sumpf zu meiner Zeit.
Die Sprache verriet mich dem Schlächter.
Ich vermochte nur wenig. Aber die Herrschenden
Saßen ohne mich sicherer, das hoffte ich.
So verging meine Zeit
Die auf Erden mir gegeben war.

Die Kräfte waren gering. Das Ziel
Lag in großer Ferne
Es war deutlich sichtbar, wenn auch für mich
Kaum zu erreichen.
So verging meine Zeit
Die auf Erden mir gegeben war.

III

Ihr, die ihr auftauchen werdet aus der Flut
In der wir untergegangen sind
Gedenkt
Wenn ihr von unseren Schwächen sprecht
Auch der finsteren Zeit
Der ihr entronnen seid.
Gingen wir doch, öfter als die Schuhe die Länder wechselnd
Durch die Kriege der Klassen, verzweifelt
Wenn da nur Unrecht war und keine Empörung.

Dabei wissen wir doch:
Auch der Haß gegen die Niedrigkeit
Verzerrt die Züge.
Auch der Zorn über das Unrecht
Macht die Stimme heiser. Ach, wir
Die wir den Boden bereiten wollten für Freundlichkeit
Konnten selber nicht freundlich sein.

Ihr aber, wenn es so weit sein wird
Daß der Mensch dem Menschen ein Helfer ist
Gedenkt unsrer
Mit Nachsicht.

Ein Brecht-Gedicht der Exilzeit. Man las es als Emigrant, irgendwo außerhalb von Deutschland, kurz vor Ausbruch des Zweiten Weltkriegs. Seitdem ist es „mein Gedicht“. Vielleicht gibt es vollkommenere lyrische Gebilde Bertolt Brechts. Dazu gehört die *Legende von der Entstehung des Buches Taoteking:* auch sie ein Emigrationsgedicht und ein Gedicht der Exil-Erfahrung. Dennoch sind die *Nachgeborenen* in Tonfall und Aufbau mit keinem anderen Gedicht Brechts zu vergleichen. Kein Rollengedicht. Das Ich ist diesmal durchaus wörtlich zu nehmen. Bertolt Brecht spricht zur Mitwelt und Nachwelt. Dies ist nicht mehr die stilisierte Attitüde eines „Städtebewohners“, der versucht, das eigene Ich aller Eigentümlichkeiten zu berauben und bloß noch Gesellschaftlich-Typisches übrigzulassen: wie einst in der Ballade *Vom armen B. B.* Hier haben wir ein Erlebnis- und Bekenntnisgedicht Brechts im Sinne der eigentümlich deutschen lyrischen Überlieferung. Dennoch unverkennbar ein Gedicht von Brecht.

Reimlose Lyrik mit unregelmäßigen Rhythmen. Scheinbar ist nur der zweite Teil strenger gebaut. Strophen zu je sechs Zeilen; die letzten beiden sind Refrain, immer wiederholte klagende Feststellung:

So verging meine Zeit
Die auf Erden mir gegeben war.

Dadurch werden Zustandsschilderung und Bilanz erschreckend statisch und unabänderlich. Allenthalben in den ersten beiden Teilen des Gedichts treten die von Brecht geliebten Wendungen der Luther-Bibel auf. Auch diese beiden ersten Gedichtteile sind weltliche Psalmen, ähnlich jenen Psalmen-Dichtungen eines gottlosen Poeten, die man in Brechts Nachlaß fand. Das „Wirklich“ als erstes Wort des Gedichts kann auch als „Wahrlich“ verstanden werden.

Alle Themen der *Hauspostille* sind wieder beisammen: Zustandsschilderungen von der Freundlichkeit der Welt. Dennoch ist alles diesmal nicht provokatorisch gemeint, sondern elegisch. Wiederum Horaz und die Stoiker, die in den alten Büchern schrieben, „was weise ist“. Wiederum die Antwort, wie im Salomon-Song der *Dreigroschen-Oper* und der *Mutter Courage:* „Beneidenswert, wer frei davon!“

Das Ich nennt sich selbst in den ersten beiden Gedichtteilen. Die erste Partie meint das Verhältnis von Ich und Mitwelt. Du und Ihr sind als angeredete Zeitgenossen zu verstehen. Halblauter Tonfall, Achselzucken. Der zweite Teil ist Monolog, aber nicht monologische Lyrik. Er soll bereits von den Nachgeborenen vernommen werden. Dann beginnt der dritte Teil mit der Anrede „Ihr“. Nun erst kommt es zur Botschaft an die Nachgeborenen. Das Ich verwandelt sich ins „Wir“. Nicht mehr bloß der einzelne Bertolt Brecht, sondern der Zeitgenosse, der Revolutionär, der Sozialist. Aber auch – es ist ein Gedicht der Exil-Zeit! – der enttäuschte Revolutionär, der – trotz allem – stoische Sozialist. (Das Ziel *war deutlich sichtbar, wenn auch für mich kaum zu erreichen.)* Abgetan ist die künstliche Härte der frühen Brecht-Gedichte. Streben zwar nicht nach Güte, weil dies viel zu schwer ist, aber nach Freundlichkeit. Trauer darüber, daß auch die nicht immer erreichbar war. „Doch die Verhältnisse, sie sind nicht so!" hieß es bereits in der Dreigroschen-Oper. Der Ausklang ist nicht elegisch, sondern zuversichtlich. Vertrauensvoll und bescheiden in einem. Der lyrische Bericht des Zeitgenossen und Mitstrebenden in einer gesellschaftlichen Übergangszeit. Der Weg vom Ich zum Wir. Für den Leser verstanden als Rückweg vom Wir zum eigenen Ich. Mein Gedicht, seit ich es zuerst las.

Alfred Clemens Baumgärtner[28]

Bertolt Brechts zeitkritisches und zeitdeutendes Gedicht *„An die Nachgeborenen"* besteht aus drei großen, in sich wiederum in Strophen gegliederten Teilen, die deutlich voneinander abzuheben sind. Auffallend ist zunächst der Unterschied in der grammatischen Zeit: Der erste Teil ist im Präsens geschrieben, der zweite im Imperfekt, während der dritte vom Futur geprägt wird. Daß diese Feststellung mehr als nur eine Äußerlichkeit oder etwas Zufälliges betrifft, zeigt eine Analyse des Inhalts. Anhebend mit „Wirklich, ich lebe in finsteren Zeiten!" (bemerkenswert ist hier, wie oft bei Brecht, der Anklang an die Sprache der Bibel), schildert der erste Teil, ganz aus der Perspektive des hier sprechenden Ich und ausschließlich auf die eigenen Probleme bezogen, die gegenwärtige Verwirrung, ja Verzweiflung: Der Mensch ist bedroht; es gibt nichts, das vom heillosen Zustand der Epoche unberührt bliebe; wer lebt, verdankt es dem Sterben anderer; Weisheit und Güte – auf die der Mensch eigentlich angelegt ist – sind unmöglich gemacht. Ist der erste Teil auf die Schilderung des Zuständlichen gerichtet, gibt der zweite, imperfektische eine Deutung, indem die eigene Zeit als vergangen und abgeschlossen betrachtet wird. Dieser fiktive Rückblick, der die Fixierung auf die Nöte des eigenen Ich aufhebt und andere Menschen und Menschengruppen in den Blick des Sprechenden treten läßt, klärt die Verhältnisse, läßt die Zusammenhänge erkennen und weist auf die objektiven Ursachen der im ersten Teil dargelegten subjektiven Situation: Die Zeit ist erfüllt vom Aufruhr der Unterdrückten, vom Kampf gegen die Herrschenden und ihre Schlächter. Dieser Kampf wird von einem klar erkannten, wenn auch noch nicht zu erreichenden Ziel bestimmt, ist also nicht – wie es in Teil 1 noch geschienen haben mag – ein sinnloses Einander-Aufreiben. Indem auf solche Weise der Zeitablauf und damit Geschichte in den Horizont des Sprechenden treten, wird er sich der eigenen Zeitlichkeit bewußt, worauf der kehrreimähnliche stehende Schluß jeder Strophe verweist: „So verging meine Zeit / Die auf

Erden mir gegeben war." Im dritten Teil werden abschließend die Kämpfe der Gegenwart von der Zukunft anvisiert, wird versucht, den dann unter ganz anderen Bedingungen lebenden Menschen die nunmehr abgeschlossene finstere Epoche begreiflich zu machen. Hier erst wendet sich das Gedicht, seinem Titel entsprechend, im vollen Sinne an „die Nachgeborenen". Es wird zur Bitte an die Späteren, Nachsicht walten zu lassen: In den „Kriegen der Klassen" – erst jetzt fällt das Schlüsselwort des gesamten Textes – war Gewalt nötig, aber auch die notwendige Gewalt hat den Menschen entstellt.

Lehrerheft zum Klett-Lesebuch[29]

ZUM INHALT: Das Gedicht ist ein Zeitdokument, das den *Nachgeborenen* das Bild der *finsteren Zeiten,* in denen der hier als Chronist auftretende Dichter lebt, überliefern soll, nicht aus Koketterie mit der Unsterblichkeit der den Dichter überlebenden Dichtung, sondern objektivierend und damit kritische Distanz von der Gegenwart gewinnend: Brecht sieht die *finsteren Zeiten* vom Standpunkt der Nachgeborenen aus, für die seine „finstere" Gegenwart „finstere" Vergangenheit geworden ist (vgl. das Schlagwort vom „finsteren Mittelalter"!). Darin liegt unausgesprochen die Hoffnung, daß die *Nachgeborenen* in einer zum Besseren veränderten Welt leben werden. – Der Ausruf *Wirklich, ich lebe in finsteren Zeiten!* leitet das Gedicht ein; mit dem Folgenden tritt Brecht den Beweis für diese Behauptung an, so daß die letzte Zeile I 1 konstatierend wiederholen kann. Aber was für Zeiten sind das? Aus der nicht exakt zu datierenden Entstehung des Gedichtes um 1933/38 erhellt, daß es sich, wie alles, was Brecht in jener Zeit schrieb, auf den Nationalsozialismus bezieht, der die Welt verfinstert und dessen unangefochtene Existenz in Deutschland allen Dingen und Ereignissen eine neue Bedeutung gibt. Das Verhalten der Menschen muß an dieser politischen Situation gemessen werden: Arglosigkeit erscheint als Torheit, die *glatte Stirn* läßt auf *Unempfindlichkeit* schließen, und das Lachen ist nur möglich, wenn der *Lachende* die Situation nicht übersieht. Mit der ratlosen Frage *Was sind das für Zeiten* setzt II ein – das Adjektiv „finster" aus I reicht noch nicht aus, um diese Zeit zu charakterisieren. Vor diesem Hintergrund ist *ein Gespräch über Bäume fast ein Verbrechen* – die *Untaten,* die in dieser Welt begangen werden, dürfen nicht verschwiegen werden. Jeden, auch den beliebig herausgegriffenen Passanten, *der ... ruhig über die Straße geht,* müßte die Not seiner Freunde betroffen und unruhig machen – statt dessen verschließt er sich jedoch um der eigenen Sicherheit willen der *Not;* er geht das Risiko, sich gegen das System zu wenden, nicht ein und wird deshalb unerreichbar. Wie Schuldbekenntnis mutet III 1 an: Wer noch seinen Unterhalt verdient, wer sich sattessen kann, ist verdächtig, sich arrangiert zu haben. Sein Handeln jedoch, so beteuert der Dichter, ist frei von Opportunismus; es ist nur *Zufall,* daß er (noch) *verschont* geblieben ist. IV 1 könnte gemeint sein als Reaktion der Menschen, vor denen er den bescheidenen Wohlstand, in dem er lebt, zu rechtfertigen sucht: *Iß und trink du! Sei froh, daß du hast!* Dialektisch stellt der Dichter als Antwort auf diesen Einwurf die Forderung der Situation, in der andere Menschen verhungern und verdursten und in der es sich von selbst verbieten müßte, zu essen und zu trinken, der realistisch gesehenen, auf Selbsterhaltung ausgerichteten menschlichen Natur entgegen, deren Schwäche er an sich selbst erfährt: *Und doch esse und trinke ich.* Übergangslos wird mit V, einem isoliert stehenden Vers, diesem Leben in der Spannung zwischen ethischer Forderung und Realität ein Wunschbild kontrastiert: *Ich wäre gerne auch weise.* Aus VI erhellt, daß dieser Satz sarkastisch gemeint ist. Denn die *in den alten Büchern* gegebene Definition der Weisheit läßt sich *in finsteren Zeiten* nicht in die Tat umsetzen: Wie soll man sich hier *aus dem Streit der Welt halten,* wenn die *Freunde ... in Not sind* (II), wie *ohne Furcht* leben, wenn ständig *Untaten* geschehen (II), wie *ohne Gewalt auskommen / Böses mit Gutem vergelten,* wenn von der anderen Seite ständig Gewalt angewandt wird? Doppeldeutig 8: *seine Wünsche nicht erfüllen, sondern vergessen* – vielleicht bezogen auf die Wünsche des einzelnen auf persönliches Wohlergehen, vielleicht aber auch auf unverzichtbare politische Wunschvorstellungen. So wird die Weisheit zu einem relativen Begriff (*gilt für weise*), zu einer theoretischen Forderung, der sich der Dichter in dieser besonderen Situation versagen muß: *Alles das kann ich nicht,* nicht aus eigener Schwäche, sondern weil ihn die politische Lage dazu zwingt.

ZUR FORM: Anspruchslos und herb: Freirhythmisierte Prosa, gelegentlich daktylisch, dem Aufbau gemäß in sechs strophische Einheiten verschiedener Länge unterteilt. Wortwahl bestimmt vom Bestand der Alltagssprache. Verzicht auf Bilder, Vergleiche und komplizierte Konstruktionen, dadurch Klarheit und Härte der Diktion; Realismus: Die Relativierung der Begriffe wird an Modellsituationen aus dem Alltag, nicht am Spektakulären aufgezeigt.

Edgar Neis[30]

Brechts Gedicht „An die Nachgeborenen" spricht von der verzweifelten, tragischen Situation des einsichtigen, hilfsbereiten, human sein wollenden, aber nicht könnenden Menschen in einer Diktatur. Die Zeit ist finster, weil sie Mitmenschlichkeit, Freundlichkeit, Freiheit nicht gestattet.

> Ach, wir
> Die wir den Boden bereiten wollten für Freundlichkeit
> Konnten selber nicht freundlich sein.

Die Notwendigkeit des eigenen Lebensvollzuges, der eigenen Lebenssicherheit bewirken ein schlechtes Gewissen: die Verpflichtung, dem Nächsten zu helfen, kann nicht erfüllt werden ohne Gefährdung der eigenen Existenz. Aus diesem inneren Zwiespalt führt kein Weg heraus: nur wer „weise" ist im Sinne alter Bücher, sich aus dem Streit der Welt hält und christlichen Prinzipien dient, könnte dem Zwiespalt entgehen, den Gewissenskonflikt vermeiden: Brecht bekennt, daß er dies nicht kann, daß er nicht gleichgültig bleiben kann angesichts einer Diktatur, die nichts anderes zuläßt als ihre eigene parteipolitische Doktrin.

Brecht schrieb dieses Gedicht 1933. Es macht aber die Größe und Bedeutung dieses Dichters aus, daß seine Dichtungen zeitlos gültig bleiben und generell gegen jede Diktatur, gegen jede Versklavung des Menschen überhaupt gerichtet sind. Der Dichter bedient sich einer in einer rhythmischen Prosa gehaltenen Mitteilungsform, die dem Ernst seiner Aussage adäquat ist. Diese beruht auf der durch das ganze Gedicht sich hinziehenden Antithese zwischen der finsteren Zeit der Gegenwart und der erwarteten humanitären Zukunft, die zu verwirklichen den Nachgeborenen vorbehalten bleibt, an die das Gedicht gerichtet ist.

VI. Eine Buckower Elegie

Der Radwechsel (1953)

Werner Kraft[31]

Unter Brechts letzten Gedichten fällt eines besonders auf:

Der Radwechsel

Ich sitze am Straßenrand.
Der Fahrer wechselt das Rad.
Ich bin nicht gern, wo ich herkomme.
Ich bin nicht gern, wo ich hinfahre.
Warum sehe ich den Radwechsel
Mit Ungeduld?

Daß dieses Gedicht in seinem Bestand aus dreißig Wörtern und sechs Versen ohne Reim eine Anziehung ausübt, die bei echten Lesern sich in starke Wirkung umsetzt – dies scheint so geradezu einzuleuchten, daß die Frage laut werden könnte, ob es da überhaupt noch etwas zu erklären gäbe. Sicherlich gibt es etwas zu erklären. Zuerst die Situation. Sie ist gar nicht selbstverständlich. Eine Panne am Auto; der Dichter am Straßenrand. Der Fahrer ist mit der Reparatur beschäftigt. Jede dem Menschen auf einer Reise aufgezwungene Pause ist Anlaß zum Versinken. Irgendwo sitzen müssen und warten, während man fahren will, ist ein hinreichender Grund zu schwerer Melancholie. Das drückt der dritte und der vierte Vers unumwunden aus. Man spürt dieses „nicht gern" bis in die Knochen: die sinnvolle Welt ist zwischen sinnvollen Polen aufgehoben zu sinnlosem Warten.

Nun kommt die überraschende Schlußfrage. Es ist aber zweifelhaft, ob sie überraschend ist. Gehört nämlich die „Ungeduld" in die Melancholie hinein, so weiß der Fragende keine Antwort, und das wäre bei Brecht erstaunlich. Es ist trotzdem nicht unmöglich, denn es gibt bei diesem so ostentativ die Antworten auf seine Fragen erzwingenden Dichter – und Denker – einen Bereich, wo er Fragen zugänglich ist, auf die auch er keine Antwort weiß, und das sind gerade die „letzten" Fragen. In der nur in den „Versuchen" (15) gedruckten 14. Szene des „Galilei" in einer früheren

Fassung liest die Tochter Virginia dem alten Galilei die „Inschriften an der Decke des Herrn Montaigne" vor. Da liest sie also die 37. Inschrift: „Wie einen Schatten hat Gott den Menschen erschaffen. Wer kann ihn richten, wenn die Sonne untergegangen ist?" Darauf scheint der Hörende keine Antwort zu wissen, denn es heißt: „Galilei schweigt." Wenn aber die Tochter nun die 17. Inschrift vorliest: „Den letzten Tag sollst du nicht fürchten und nicht ersehnen", so ist auch das nur die Antwort der Trauer, daß Galilei sagt: „Erst war das erste schwer, jetzt ist es das zweite." Um so größer ist der Schluß dieser Szene, als Virginia die 14. Inschrift vorliest: „Bewundernswert ist das Gute." Das hat der alte Mann mit den Ohren der Seele gehört, und er sagt: „Lauter." Sie wiederholt nun „lauter": „Wunderbar ist das Gute." Sie wiederholt nicht nur, sie steigert das Bewundernswerte zum Wunderbaren, und wunderbar ist es dazu, daß dieses Wort prosaischer und reifer klingt als dasselbe Wort in dem Gedicht „Einst". Die Schwermut ist überwunden.

Ließe sich nun zeigen, daß die „Ungeduld" nicht in die Melancholie hineingehört, so würde auch dieses Gedicht ausklingen in das Gute. Es ist 1953 geschrieben. Brecht scheint damals im Gegensatz zu den ost- und westdeutschen Pressemeldungen *für* die revoltierenden Arbeiter in Ostdeutschland und ihre Forderungen gewesen zu sein. Das bedeutet nicht, daß er einfach auf die andere Seite überläuft, wenn ihm die Entwicklung der Dinge nicht paßt, denn mit seiner Existenz ist er in die ihm richtig scheinende Entwicklung der Dinge verwurzelt, der sein Werk dient. Es bedeutet aber: „Ungeduld". Nun ist dies noch immer eine Erklärung von außen, die an das Gedicht herangebracht wird. Von innen wird der tiefe Sinn des Gedichts erschlossen durch eine vertiefte Betrachtung des dritten und vierten Verses. Läßt man diese Verse rein in sich erklingen, so mag die Erinnerung aufsteigen an einen der höchsten Augenblicke deutscher Poesie, an jene vier Verse nämlich, unsicherer Überlieferung und einem Magister von Biberach um 1500 zugeschrieben:

> Ich leb und weiß nit, wie lang;
> Ich sterb und weiß nit, wann;
> Ich fahr und weiß nit, wohin;
> Mich wundert, daß ich fröhlich bin.

Aber welch ein Unterschied! Das reine Nichtwissen von Leben und Tod und von dem Ziel des Fahrens gleichzeitig mit der nichtwissenden Verwunderung über die eigene Fröhlichkeit wird transponiert auf eine Fahrt von einem bestimmten Ausgangspunkt zu einem bestimmten Ziel, mit dem Radwechsel im zufälligen Einschnitt der Pause und dem schrecklichen

Wertakzent des „nicht gern" auf dem Woher und Wohin, so daß man auch an Hölderlins „Ich lebe nicht mehr gerne" denken könnte. Da ist kaum Raum mehr für die verborgene Frage nach der eigenen Fröhlichkeit, wohl aber Raum für die offene Frage nach der eigenen Ungeduld. Die Krise in Brechts politischer und gesellschaftlicher Umwelt wird zur Krise der Person. Die Lage ist schrecklich, aber sie hat, genau betrachtet, die Bedeutung dieses Radwechsels. Der Schaden ist reparierbar. Weiter muß der Dichter, muß die Welt, und das große Gedicht, dem Radwechsel so treu wie der deutschen Sprache, spricht es aus. Nicht nach „Kapitulation" schmeckt es, wie es einmal in der zitierten Szene aus dem „Galilei" heißt, sondern es schmeckt nach Freiheit.

Lehrerheft zum Klett-Lesebuch[32]

Ein KURZGEDICHT (aus den Buckower Elegien, 1953), das einen einzigen Augenblick gestaltet und durchdenkt (bzw. befragt).

Die AUSSAGEFORM: eine einzige, feste, kleine Strophe, prosaähnlicher Rhythmus, aber doch von gewisser Regelmäßigkeit. Man kann jedenfalls lesen: $^1/_4$: dreihebig; 5: vierhebig, trochäisch einsetzend; 6: zweihebig.

Der ziemlich regelmäßige Wechsel von Hebung und Senkung wird in 1, 3 und 4 je einmal durch doppelte Senkungen unterbrochen. In 5 ist das Themenwort *Radwechsel* mit beschwerter Hebung zu lesen.

In 1 und 2: ein einziges Bild einer Situation: kurze Sätze in gleichmäßiger, einfacher Satzstellung. In 5 und 6: die begleitende Empfindung (*mit Ungeduld*). Die Mitte: zwei monotone Parallelzeilen *(Ich bin nicht gern ...)* als Reflexion; die Empfindung von Unbehagen und Unbefriedigtsein der Vergangenheit und der Zukunft gegenüber.

Das Gedicht fordert ÜBERLEGUNGEN:: Der Schüler muß sich klarmachen dürfen, wieso man solch ein *Ich bin nicht gern* ... sagen kann, ob man dazu ein ständig unzufriedener Mensch sein muß oder ob nicht ein gewisses Unbehagen wohl im Menschen in allen Lebenslagen – auch bei der Erfüllung seiner Wünsche – steckt.

Die Denkschritte, die Brecht zusammenzieht: a) Wenn ich gern wäre, wo ich herkomme, müßte ich den langsamen Radwechsel wünschen. b) Wenn ich gern wäre, wo ich hinfahre, müßte ich den schnellen Radwechsel wünschen. c) Beides wünsche ich nicht: ich müßte also beim Radwechsel gleichgültig sein. d) Aber ich fühle Ungeduld.

Die Schlußfrage *(Warum ... Ungeduld?)* bleibt offen. Was für Antworten wären möglich? Aus Dummheit? Aus Unruhe? Aus einer dennoch ungebrochenen, naiven Haltung zum Dasein? Aus Lebenswillen? Eines jedenfalls kennzeichnet diesen Menschen hier nicht: Gleichgültigkeit; ihn kennzeichnet Lebensbereitschaft.

Leichter verständlich werden die Sätze, wenn man sie mit den großen Unvollkommenheiten des Daseins in Verbindung bringt [...] oder wenn man das Gedicht vom Leben Brechts her deuten will.

Der Schüler sollte erfahren, daß Brecht als Heimatloser, immer auf der Wanderschaft ist, daß er die Welt verändern möchte, aber daß er doch auf allen Stationen politisches Unbehagen spürt und enttäuscht wird. 1953 für ihn vermutlich die Zeit einer tiefen Depression (vgl. das Gedicht ‚Die Lösung‘ [. . .]). Dennoch für ihn bezeichnend: bei aller Enttäuschung nicht Verzweiflung, nicht Apathie, sondern Ungeduld, d.h. Wille zur Aktivität.

Franz Norbert Mennemeier[33]

Keineswegs wird man den ‚Buckower Elegien‘ gerecht, wenn man den hier sich manifestierenden Verzicht auf die anspruchsvoll raumverdrängende lyrische Poesie zugleich als Ausdruck eines verschämten Brechtschen Abschieds von der Politik meint deuten zu sollen. Andererseits: Man wird in diesen Gedichten einen Beweis für die Behauptung erblicken dürfen, daß das Bewußtsein des marxistischen Autors von der Ferne des sozialistischen Ziels einer vollkommenen Gesellschaft sich verschärft hat und daß diese Bewußtseinsverschärfung mit konkreten politischen und gesellschaftlichen Erfahrungen zusammenhängt, die Brecht in der DDR gemacht hat. Die hierdurch erzeugte ‚Empfindungsweise‘ gibt den späten Gedichten Brechts, jenseits der umrissenen poetologischen Implikationen, den Charakter des Elegischen in einer sehr unmittelbaren, handgreiflichen Weise.

Freilich: ‚Geklagt‘ wird hier nicht. Geht man von der volkstümlichen Bedeutung des Elegischen aus, bezeichnet der Begriff Elegie im Titel der Sammlung elegische Empfindungsweise nur mehr als Metapher. Die äußere Form verhält sich zur Überlieferung des elegischen Gedichts sogar fast konträr. Diese Brechtschen Kurzgedichte neigen zum Epigramm – eine Entwicklung, die sich bis zu den ‚Svendborger Gedichten‘, zu den Kriegsfibeln I und II, zu den ‚Deutschen Satiren‘ und noch weiter zurückverfolgen läßt. Bezeichnend ist die dreiteilige, intellektuell prägnante Struktur, die dem Syllogismus verwandt ist. Manches kommt der bildhaften Objektivität chinesischer Ideogramme und japanischer Haikus nahe. Immer entsteht die kommunikative Intensität dieser der Alltagssprache nah bleibenden Verse durch die Unaufdringlichkeit ihrer Gebärde.

Gleich das erste Gedicht des Zyklus, leger, banal fast und ganz persönlich beginnend („Ich sitze am Straßenrand / Der Fahrer wechselt das Rad"), zeigt eine für die elegische Haltung charakteristische problematisierende Behandlung des hier zur Debatte stehenden sozialistisch-marxistisch relevanten Themas. Brecht, von der ‚epischen' Beschreibung des Anfangs alsbald zur ‚reflektierenden' Äußerung fortschreitend, zeichnet den durch ‚Radwechsel' erzwungenen Aufenthalt als Situation zwischen Vergangenheit und Zukunft und bestimmt durch Gefühle der Unlust gegen die eine wie gegen die andere: „Ich bin nicht gern, wo ich herkomme. / Ich bin nicht gern, wo ich hinfahre." Das ist das Diskrepanz-Bewußtsein, das auch für Schiller zum Elegischen gehört; es lähmt die Aktivität zu wissen, daß das ‚Ideal' weit weggerückt ist. Brecht artikuliert hier unauffällig ein altes Thema seines Schaffens; die Stelle enthält einen Reflex des ehemaligen Baalschen Wesens, jener genießerisch oder auch weise aufs Gegenwärtige sich beschränkenden, ‚nihilistischen' Mentalität, die den jungen Autor in einer Rezension von 1926 zu dem drastischen Satz veranlaßte: „Es ist der Fortschritt, der mich so ankotzt." Doch der auf jene zwei Feststellungen folgende Satz des Gedichts („Warum sehe ich den Radwechsel / Mit Ungeduld?") widerspricht der Baalschen Verführung zur Gegenwart; Brecht konfrontiert den Leser mit einem Paradox; die scheinbar nichtssagende alltägliche Geschichte zeigt plötzlich ihren Parabel-Charakter. Die Antwort, durch jene Frage provoziert, liegt keineswegs auf der Hand. In einfacher Lesart mag man die Aufforderung zur Geduld hier ausgesprochen finden, Geduld – immerhin auch eine Tugend des Revolutionärs. Doch erlaubt der parabolische Text, einen Schritt weiterzugehen. Der zweiten, schwierigeren Lesart zufolge impliziert die Frage den Hinweis auf das Problem des Fortschritts, anspruchsvoll geredet: den Hinweis auf dessen empirisch nicht ohne weiteres einleuchtendes, transzendentales Wesen. Die Dialektik des Fortschritts zwischen Beharrenwollen und Weitermüssen wird in dem Gedicht zur ‚Diskussion' gestellt. Mit der Frage der beiden letzten Zeilen weist es über sich hinaus. Seine Vollendung geschieht im Leser, dann nämlich, wenn dieser aus der ‚These' („Ich bin nicht gern, wo ich hinfahre") und aus der ‚Antithese' (Trotzdem „sehe ich den Radwechsel mit Ungeduld") die Synthese erzeugt.

Yaak Karsunke[34]

Matti wechselt das Rad

Ich sitze am Straßenhang.
Der Fahrer wechselt das Rad.
Ich bin nicht gern, wo ich herkomme.
Ich bin nicht gern, wo ich hinfahre.
Warum sehe ich den Radwechsel
Mit Ungeduld?

Bertolt Brecht

während ich den reifen abmontiere
haut sich der chef auf die wiese, sieht dauernd rüber.
als fahrer verwartest du stunden, warum
wird er nervös wenn er einmal
auf mich warten muß? wenn die panne
ihn zuviel zeit kostet: er
kann mir ja helfen.

Quellenverzeichnis

1 Walter Benjamin, Kommentare zu Gedichten von Brecht, 1939. In: W. B., Versuche über Brecht. Frankfurt/M. 1966 = edition suhrkamp 172, S. 57f.

2 Alfred Clemens Baumgärtner, Vom „Baalischen Weltgefühl". In: Interpretationen zur Lyrik Brechts, hrsg. von R. Hirschenauer und A. Weber. München: R. Oldenbourg 1971, S. 10–13.

3 Wolfgang Heybey, Der Mensch vor der Zukunft. Eine vergleichende Betrachtung von Gedichten Gottfried Benns und Bertolt Brechts. In: Die Pädagogische Provinz 7/8, 1961, S. 341–343. H. vergleicht „Vom armen B. B." mit Benns „Verlorenes Ich".

4 Klaus Schuhmann, Der Lyriker Betolt Brecht, 1913–1933. Berlin: Verlag Rütten & Loening 1964, S. 83f.

5 Klaus Schuhmann, a.a.O., S. 181–184.

6 Edgar Neis, Wie interpretiere ich Gedichte und Kurzgeschichten? Hollfeld/OFR.: Bange Verlag 1966, S. 104f.

7 Ruth E. Lorbe, Lyrische Standpunkte. Interpretationen moderner Gedichte. München: Bayerischer Schulbuch-Verlag 1968, S. 84–86.

8 Didaktisch-methodische Analysen III, Handreichungen für den Lehrer zum Lesebuch „Kompaß". Paderborn: Schöningh 1972, S. 366–370.

9 Johannes Pfeiffer, Über den Lyriker Bertolt Brecht. In: Die Sammlung 5/1958, S. 227f.

10 Klaus-Detlef Müller, Die Funktion der Geschichte im Werk Bertolt Brechts. Studien zum Verhältnis von Marxismus und Ästhetik. Tübingen: Verlag Max Niemeyer 1967, S. 82f.

11 Johannes Pfeiffer, Sinnbildliche Weltbegegnung. Über den Unterschied von Dichtung und Verkündigung, 1955. In: J. Pf., Dichten, Denken, Glauben. München, Hamburg: Siebenstern-Taschenbuch-Verlag 1967 = Siebenstern-Taschenbuch 93, S. 109–111.

12 Ulla C. Lerg-Kill, Dichterwort und Parteiparole. Propagandistische Gedichte und Lieder Bertolt Brechts. Bad Homburg v.d.H.: Verlag Gehlen 1968, S. 77–81.

13 Klaus Schuhmann, a.a.O., S. 260–263.

14 Albert Spieler, Norbert Thamm, Literaturunterricht im 5.–11. Schuljahr. Esslingen: Verlag Wilh. Schneider 1968, S. 297.

15 Benno von Wiese, Die deutsche Lyrik der Gegenwart. In: Deutsche Literatur in unserer Zeit. Göttingen: Verlag Vandenhoeck & Ruprecht 1959 = Kleine Vandenhoeck-Reihe 73/74, S. 41f.

16 Klaus-Detlef Müller, a.a.O., S. 18–22.

[17] ULLA C. LERG-KILL, a.a.O., S. 49–53.

[18] EDGAR NEIS, Politisch-soziale Zeitgedichte. In: Interpretationen motivgleicher Gedichte in Themengruppen, Bd. 2. Hollfeld: C. Bange 1971, S. 78–79.

[19] CLEMENS HESELHAUS, Deutsche Lyrik der Moderne von Nietzsche bis Yvan Goll. Düsseldorf: Bagel Verlag ^{2}1962, S. 335–337.

[20] GÜNTER DIETZ, Bertolt Brechts dialektische Lyrik. In: Der Deutschunterricht 2/1966, S. 68–70.

[21] KLAUS-DETLEF MÜLLER a.a.O., S. 101–105.

[22] EDGAR NEIS, Politisch-soziale Zeitgedichte, S. 61–66.

[23] WALTER BENJAMIN, a.a.O., S. 79–83.

[24] BERNHARD SCHULZ, „Legende von der Entstehung des Buches Tao Te King auf dem Weg des Lao Tse in die Emigration". Zum Tode des Dichters Bertolt Brecht am 14. August 1956. In: Wirkendes Wort 2/1956, S. 83–86.

[25] R. HIRSCHENAUER/A. WEBER (Hrsg.), Wege zum Gedicht, Bd. II: Interpretationen von Balladen. München: Schnell und Steiner ^{3}1968, S. 534–536.

[26] Lehrerheft zum Klett-Lesebuch B (Ausgabe für vierstufige Realschulen und ähnliche Anstalten), 9./10. Schuljahr. Stuttgart: Klett Verlag 1970, S. 54.

[27] HANS MAYER, in: Mein Gedicht, Begegnungen mit deutscher Lyrik, hrsg. v. DIETER E. ZIMMER. Wiesbaden: Limes-Verlag 1961, S. 23–26.

[28] ALFRED CLEMENS BAUMGÄRTNER, a.a.O., S. 337f.

[29] Lehrerheft zum Klett-Lesebuch B 9/10, S. 44f.

[30] EDGAR NEIS, Politisch-soziale Zeitgedichte, S. 86.

[31] WERNER KRAFT, Augenblicke der Dichtung. München: Kösel 1964.

[32] Lehrerheft zum Klett-Lesebuch A (Gymnasium) 8. Schuljahr. Stuttgart: Klett 1967, S. 67.

[33] FRANZ NORBERT MENNEMEIER, Bertolt Brecht als Elegiker. In: Der Deutschunterricht 1/1971, S. 67–69.

[34] YAAK KARSUNKE, reden & ausreden, Gedichte. Berlin: Verlag Wagenbach 1969, S. 26.

74/9876543